麦肯锡"城市中国计划"、中国建投投资研究院
《"十三五"世界科技革命与产业变革趋势及其影响》
课题研究成果及延伸

THE
INDUSTRIAL
REVOLUTION

颠覆未来的技术

OF

信息技术
引发的产业变革

张璐璐 ／著

INFORMATION TECHNOLOGY
ERA

社会科学文献出版社
SOCIAL SCIENCES ACADEMIC PRESS (CHINA)

目　录

目录

009	第一篇　技　术
010	云计算
047	大数据
061	移动互联网
083	第二篇　产　业
085	颠覆性产业影响
087	改造升级性产业影响
131	创新性产业影响

133	第三篇	前　景
134		机遇与发展空间
141		风险与挑战
150		附　录
153		参考文献
156		后　记

第一篇 技 术

云计算

1 云计算：基于互联网的超级计算模式

云计算是互联网时代信息基础设施与应用服务模式的重要形态，是新一代信息技术集约化发展的必然趋势。它利用分布式计算和虚拟资源管理等技术，通过网络将分散的 ICT（信息通信技术）资源（包括计算与存储、应用运行平台、软件等）集中起来形成共享的资源池，并以动态按需和可度量的方式向用户提供服务。用户可以使用各种形式的终端（如 PC、平板电脑、智能手机甚至智能电视等）通过网络获取 ICT 资源服务。（见图 1）

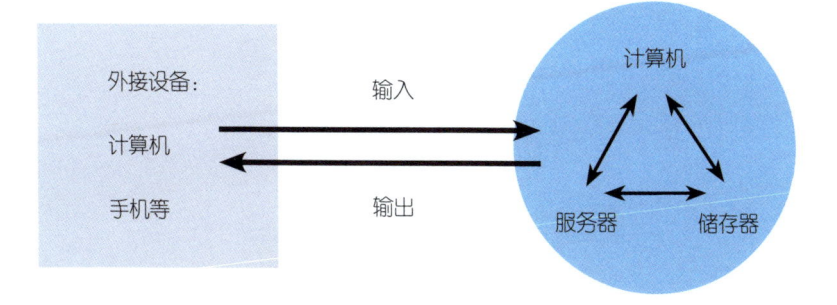

图1 云计算的结构

资料来源：华泰证券

通俗来讲，云计算是基于互联网的一种超级计算模式：过去，互联网只是让人们方便地获取信息，而数据的保存和处理需要通过本地的软硬件处理；而云计算则是在远程的数据中心里，成千上万台电脑和服务器连接成一片"电脑云"，用户通过电脑、笔记本、手机等方式接入数据中心，按自己的需求进行运算。在这里，"云"就是存在于互联网上的服务器集群中的资源，包括硬件资源（如服务器、存储器、CPU等）和软件资源（如应用软件、集成开发环境等）。本地计算机只需要通过互联网发送一个需求信息，远端就会有成千上万的计算机提供需要的资源并将结果返回到本地计算机，这样，本地计算机几乎不需要做什么，所有的处理都由云计算提供商所提供的计算机群来完成。

按照交付资源及功能分，云计算可以提供三类服务：软件即服务（SaaS）、平台即服务（PaaS）和基础架构即服务（IaaS）。

Software as a Service（SaaS），软件即服务，指的是云计算服务供应商通过高速互联网向终端用户提供软件应用服务。这是一种多租户模式，用户通过互联网浏览器使用软件应用服务。从用户的角度看，这样可以节省在IT软硬件建设上的前期资金投入。对于供应商而言，这种模式极大地方便了程序的安装和维护。实例有Google的Gmail、IBM Lotus Live、Salesforce.com的在线CRM，另外国内的东软，用友等软件企业都有对应SaaS

模式的应用软件。

Platform as a Service（PaaS），平台即服务，指的是云计算供应商通过高速互联网向应用软件开发人员（用户）提供开发平台。平台包括了程序设计、开发、测试以及应用托管。后者所开发的应用程序可以直接运行在 PaaS 平台上。从用户的角度看，只需要通过 PaaS 平台就可以创建自己的应用软件，无需为开发平台而直接购买硬件和软件，因此费用开支要比之前传统开发平台低很多。实例有 Google 的 AppEngine、微软的 Azure Platform、Salesforce.com 的

Force.com。

Infrastructure as a Service（IaaS），基础架构即服务，指的是无论企业还是个人用户，利用虚拟化和自动化部署等技术，通过高速互联网远程访问计算和储存资源。IaaS 提供基础设施服务，包括服务器、存储、网络等硬件及操作系统等基础软件。所以，终端用户、SaaS 以及 PaaS 服务供应商都能利用 IaaS 服务获得计算能力，并且不需要为这样的计算能力投入原始的 IT 软硬件投资成本。在这个领域中，美国 Amazon 的 EC2 和 S3 是该模式最早的成功案例（见图 2）。

1. SaaS

软件即服务，这是一种多租户模式，用户通过互联网浏览器使用软件应用服务。例如 Google 的 Gmail、IBM Lotus Live、Salesforce.com 的在线 CRM

2. PaaS

平台即服务，指云计算供应商通过高速互联网向软件开发人员（用户）提供开发平台。例如 Google 的 AppEngine、微软的 Azure Platform

3. IaaS

基础架构即服务，指的是无论企业还是个人用户，利用虚拟化和自动化布署等技术，通过高速互联网远程访问计算和储存资源。例如 Amazon 的 EC2

图 2　按照交付资源及功能分，云计算可以提供三类服务

按照云服务的提供者和用户的关系分，云服务还可分为公共云、私有云，及混合云。

公有云（public cloud）：云计算提供商向用户提供服务，用户通过互联网获得服务，但用户并不拥有资源，公有云服务的模式可以是免费或按量付费。

私有云（private cloud）：指一般在防火墙之内专为一个企业单独使用而构建的云计算服务，企业拥有云计算环境的自主权。

混合云（hybrid cloud）：企业既拥有自己的云计算环境，同时也使用公有云计算服务（见图3、图4）。

```
┌─────────────┐         ┌───────────────────────┐
│    SaaS     │         │ │    SaaS     │      │
│             │         │ │             │      │
│    PaaS     │         │ │    PaaS     │      │
│             │         │ │             │      │
│    IaaS     │         │ │    IaaS     │      │
└─────────────┘         │ └─────────────┘      │
   互联网                │      企业网           │
                        └───────────────────────┘
```

公有云：

· 不需要创建基础架构

· 最小化管理

· 降低前期投入

· 降低运营成本

都能提供：

· 高效率

· 高可用性

· 高灵活性

私有云：

· 更自主的控制

· 更容易集成

· 降低整体成本

· 平衡运营成本和资产成本

图 3 公有云和私有云比较
资料来源：Oracle，东方证券研究所

A 按需自助式服务： 用户可以根据自身实际需求扩展和使用云计算资源，具有快速提供资源和服务的能力。能通过网络方便地进行计算能力的申请、配置和调用，服务商可以及时进行资源的分配和回收。

B 广泛的网络访问： 通过互联网提供自助式服务，使用者不需要部署相关的复杂硬件设施和应用软件，也不需要了解所使用资源的物理位置和配置等信息，可以直接通过互联网或企业内部网透明访问即可获取云中的计算资源。高性能计算能力可以通过网络访问。

C 资源池： 供应商的计算资源汇集在一起，通过使用多租户模式将不同的物理和虚拟资源动态分配多个消费者，并根据消费者的需求重新分配资源。各个客户分配有专门独立的资源，客户通常不需要任何控制或知道所提供资源的确切位置，就可以使用一个更高级别抽象的云计算资源。

D 快速弹性使用： 快速部署资源或获得服务。服务商的计算能力根据用户需求变化能够快速而弹性地实现资源供应。云计算平台可以按客户需求快速部署和提供资源。通常情况下资源和服务可以是无限的，可以是任何购买数量或在任何时候。云计算业务使用则按资源的使用量计费。

E 可度量的服务： 云服务系统可以根据服务类型提供相应的计量方式，云自动控制系统通过利用一些适当的抽象服务（如存储、处理、带宽和活动用户账户）的计量能力来优化资源利用率，还可以监测、控制和管理资源使用过程，同时，能为供应者和服务消费者之间提供透明服务。

图 4　云计算的特征
资料来源：Oracle，东方证券研究所

2　20年惊人发展：
从概念到稳定的行业生态环境

云计算的发展演变从1990年左右开始，经历了网格计算、公用计算、软件即服务（SaaS）几个阶段发展而来。云计算的发展也是并行计算(Parallel Computing)、分布式计算(Distributed Computing)和网格计算(Grid Computing)的发展，或者说是这些计算机科学概念的商业实现。（见图5）

网格计算
- 利用并行计算解决大型问题
- Globus Alliance 使其成为主流

公用计算
- 将计算资源作为可计算的资源提供
- 于 20 世纪 90 年代末推出

将软件作为服务
- 基于网络预定应用程序
- 于 2001 年推出

云计算
- 下一代的因特网计算
- 下一代的数据中心

图 5　云计算的演进

资料来源：中国云计算网，东方证券研究所

20世纪60年代,美国计算机科学家John McCarthy提出了云计算概念。他认为未来某一天,云计算就像水、电、煤气一样供应给用户。

在云计算的发展进程中,美国的亚马逊(Amazon)公司起到了很重要的作用。在互联网泡沫破灭后,它将数据中心全部网络化。之后公司的数据中心只预留了10%的服务器容量用于应付突发的网站流量暴增。通过这种方式,2006年公司在效用计算模式基础上成功推出了AWS(Amazon Web Service),该服务包括了Amazon的EC2(Elastic Compute Cloud)业务和S3(Scalable Storage Service)业务。

2007年，Google、IBM和多所大学启动了一个大规模的云计算研究项目。2008年早期，Eucalyptus成为首个部署"私有云"AWS API兼容平台的开放式软件。当年年中，Gartner发现了云计算的发展机遇并提出"（云计算）可以被用来改变IT服务供应商和用户之间的关系"的观点。另外，Gartner也观察到了企业逐步从大规模地投资IT软硬件的模式转移到了根据使用量而付费的模式，因此云计算引起的改变将使IT产品在某些领域的需求量巨增，而另外一些领域的需求量则大幅下降。

近年来，云计算从火热的新兴事物逐渐变成信息技术和服务领域的"常态"。

产业界对待云计算不再抱着疑虑和试探的态度，而是越来越务实地接纳它、拥抱它，不断去挖掘云计算中蕴藏的巨大价值。

我们预计，云计算将经历三个发展阶段：准备阶段、起飞阶段、成熟阶段。准备阶段（2007~2013），主要是技术储备和概念推广阶段，解决方案和商业模式尚在尝试中。起飞阶段（2013~2020），产业高速发展、产业生态环境建设和商业模式构建成为关键词，进入云计算产业的"黄金机遇期"，公有云、私有云、混合云建设齐头并进。成熟阶段（2020~），云计算产业链、行业生态环境基本稳定；各厂商解决方案更加成熟稳定，提供丰富的云服务产品。（见图6）

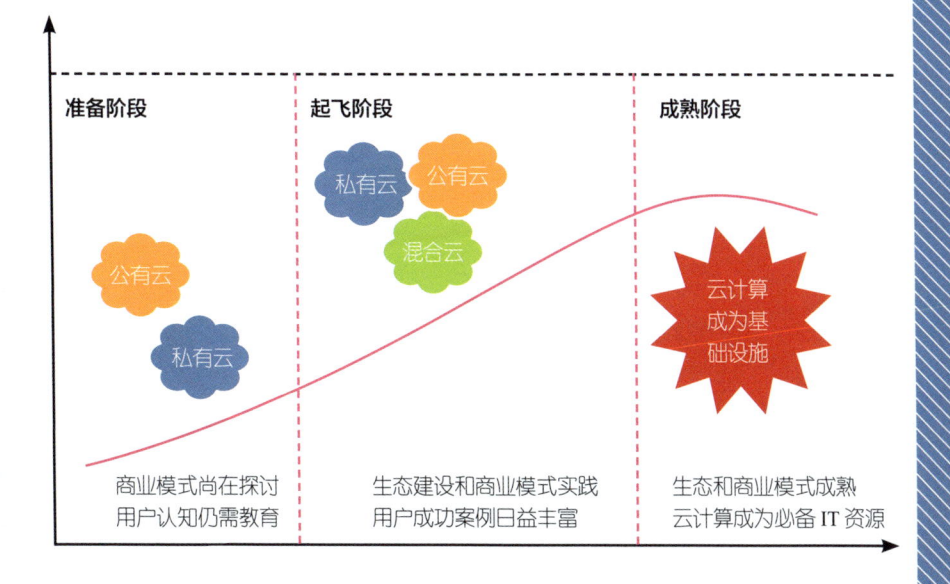

图 6　云计算的发展阶段

3. 市场格局：全球划分两大阵营

（1）全球云计算市场发展规模

作为信息技术领域发展的最新成果之一，云计算产业在全球市场尚处于发展初期，发展空间十分广阔。数据显示，2013年全球公有云服务规模已达到1307亿美元，较2012年增长19%。

从市场结构来看（见图7），云广告占据近半份额，成为最大的公共云细分市场。云广告能够支持选择、交易和交付广告及相关数据的流程，由广告主通过竞价方式选择内容和价格。Gartner预测2013~2016年，全球云服务支出总计将达6770亿美元，其中3100亿美元都将花在云广告服务上。云广告厂商

27%

47%

15%

1%

3% 7%

- BPaaS
- SaaS
- PaaS
- IaaS
- 云管理和云安全
- 云广告

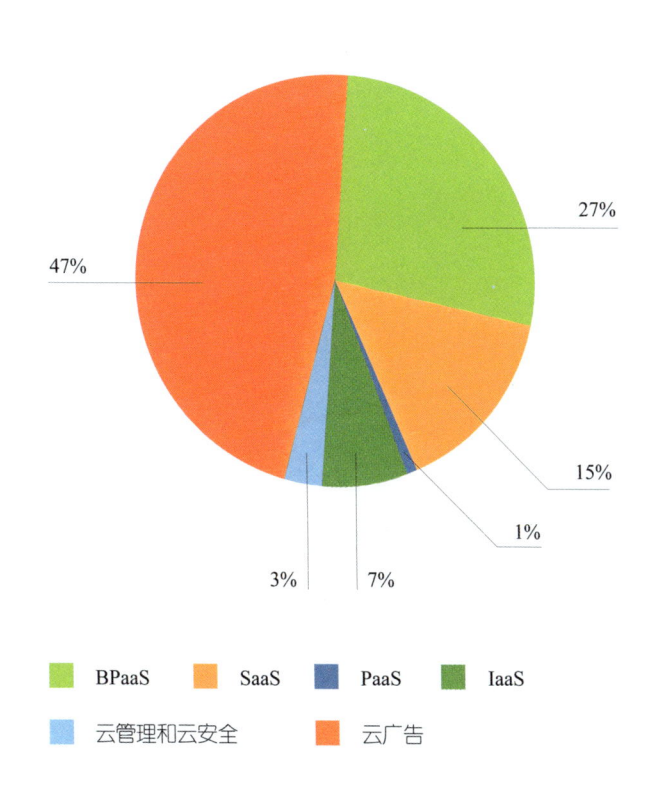

图 7 全球公有云市场结构

资料来源：wind

包括：AOL、苹果、AppNexus、百度、Facebook、Google、微软、OpenX 和雅虎等。

云业务流程服务（BPaaS）是继云广告之后第二大的云服务细分市场，占到 2013 年云计算总支出的 27%。其后依次是云应用服务（SaaS）占 15%，云计算基础设施服务（IaaS）占 7%，云管理和云安全服务占 3%，云平台（PaaS）占 1%。

Forrester 发布的调查报告显示，2020 年全球云计算市场规模将增至 2410 亿美元，年复合增长率为 22% 左右。

在三种服务模式中，SaaS 的市场规模占比是最大的，比例大约为 85%，

PaaS 的占比为 10% 左右，IaaS 的占比为 5%。越来越多的企业开始采用 SaaS，2011 年该市场规模达到 212 亿美元，2016 年将达到 928 亿美元，这个时候的 SaaS 市场就将接近饱和（见图 8）。

（2）地区发展格局

从云计算兴起至今，北美市场始终是应用公有云服务的最大的地区市场；但同时中国市场也显示出较大的发展潜力。在用户群体方面，金融服务组织仍是公有云服务的最大用户，而到 2015 年，高技术产业、制造业、金融业以及公共服务业将会成为采用云服务的核心企业。

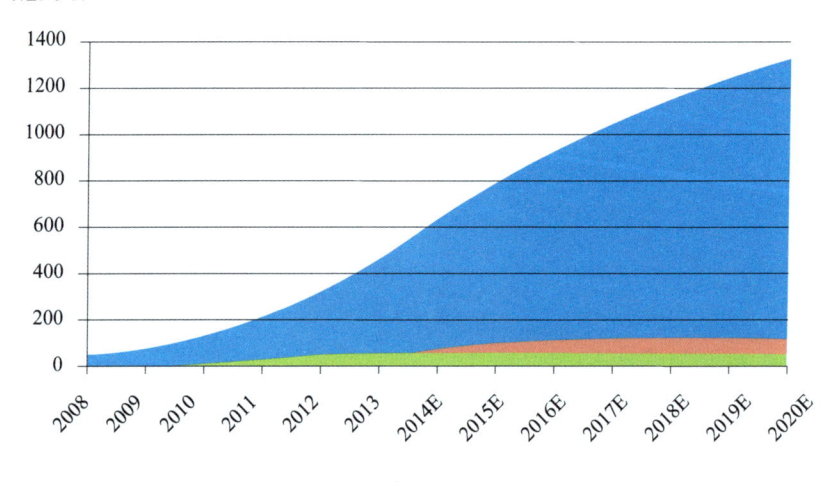

图 8　全球 SaaS、PaaS、IaaS 市场预测规模

资料来源：Forrester，金元证券

西欧市场的公共云普及率将继续保持第二的排名，公共云在其所有云计算支出中占到 24% 的比例。2009 年，美国云计算市场占全球市场的 60%，而到 2014 年这个比例将减小到 50% 以下，西欧各国云计算市场份额将超过 29%。这意味着随着云计算的发展，全球云计算市场的版图必将会重新划分。

在亚太区，日本、新加坡、中国香港正在竞争亚太区云计算中心的地位。日本经济产业省发布的《云计算与日本竞争力研究》报告称，日本将从完善基础设施建设、改善制度、鼓励创新三方面推进云计算发展，培育新市场，使其在 2020 年前累计规模超过 40 万亿日元（约 3 万亿元人民币）。未来几年印度的云计算市场也将迎来一个快速发展期，尤其是作为云计算的重要组成部分的 SaaS。预测到 2015 年印度 SaaS 应用总收入将突破 6.5 亿美元。（见图 9）

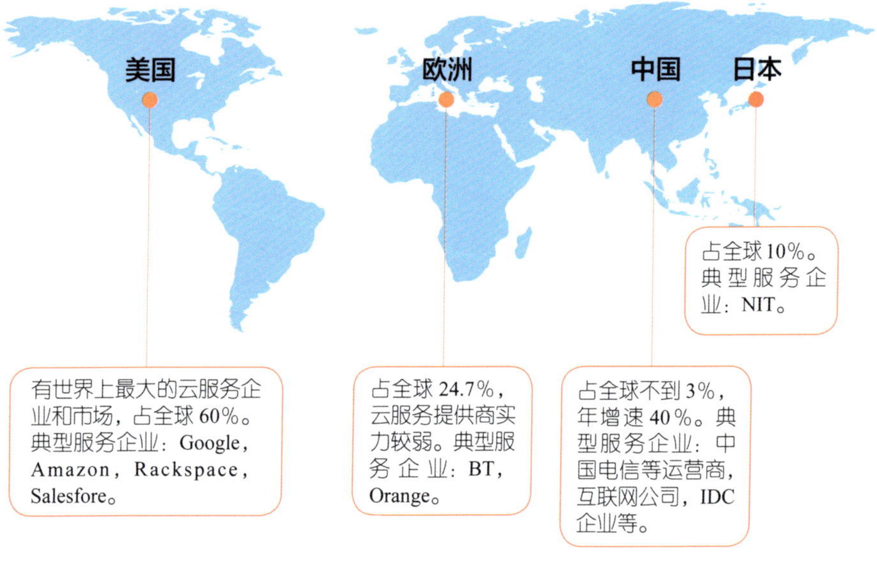

美国
有世界上最大的云服务企业和市场，占全球 60%。典型服务企业：Google，Amazon，Rackspace，Salesfore。

欧洲
占全球 24.7%，云服务提供商实力较弱。典型服务企业：BT，Orange。

中国
占全球不到 3%，年增速 40%。典型服务企业：中国电信等运营商，互联网公司，IDC 企业等。

日本
占全球 10%。典型服务企业：NIT。

图 9　全球云计算市场分布

资料来源：Gartner 公共云服务预测报告，2011 年 6 月

全球云计算的飞速发展离不开各地在该领域的规划和扶持，美、欧、日、韩、澳以及中国等都纷纷提出了自己的云计算发展规划（见表1）。

表1　各地云计算领域规划和进展

国家和地区	云计算领域规划和进展
美国	2009年9月宣布执行一项长期云计算政策，成立了新网站Apps.gov，通过它展示并提供得到政府认可的云计算应用，帮助政府更好地接受云计算理念，目前云计算在联邦、州和地方各级政府机构中得到广泛应用。美国正在采取措施明确云计算的内涵，使用云整合数据，并着手制定云计算标准。

国家和地区	云计算领域规划和进展
欧洲	欧洲作为云计算的追随者,由于对数据的安全性和隐私性要求比较严格,对云计算的应用采取审慎的态度。越来越多的欧洲中央政府、地方政府、医院等机构采用云计算服务,世界各大知名IT商也纷纷在欧洲设立数据中心、云计算中心。其中,欧盟制定了第七框架计划,为若干个云计算项目提供资金支持,并组织专家为云计算的研究方向制定框架;英国制定了"G-Cloud"战略,在境内设立G-Cloud(私人政府云计算基础设施)。
日本	日本谋求利用云计算创造新的服务和产业,并为此推出了"有效利用IT、创造云计算新产业"的发展战略。典型案例表现在:一是运用云计算技术把汽车变成信息终端;二是把云计算应用于新型急救医疗系统;三是将云计算应用于电影院的实况转播;四是积极开发建立在电力云基础上的"电力银行",运用包括云计算在内的IT和通信技术,参与世界各国的智能电网及智能城市的开发和试验。日本的运营商纷纷进行各自的云计算布局,三大运营商和软银根据日本企业的要求,制定了具体的云计算服务战略,提供以IaaS与PaaS为主的云计算服务,并进一步扩大到了学校和金融机构。

国家和地区	云计算领域规划和进展
韩国	韩国的广播通信委员会于 2009 年 12 月底公布了《搞活云计算综合计划》，韩国政府决定在 2014 年之前向云计算领域投入约合 36 亿人民币的资金促进云计算的发展。
澳大利亚	澳大利亚政府正在积极筹划建设自己的云计算服务平台，他们不希望自己的数据(尤其是涉及国家机密的数据)都托管到国外。要实现该目标，澳大利亚将新建大量数据中心。在未来的两到三年内，预计澳大利亚将投入 15 亿美元建设云计算数据中心。澳洲电信 Telstra 近日宣布："考虑到日益增长的数据服务需求，未来五年内，公司将在云计算领域增加 8 亿美元投资。
中国	中国政府在推动云计算产业发展方面进入实质性操作阶段开始于 2010 年 10 月，发改委下发通知，在北京、上海、深圳、杭州、无锡五个城市率先开展试点示范工作。

(3) 企业竞争格局

美国在云市场上的竞争优势主要来源于其老牌互联网巨头在该领域的绝对控制。目前在全球 TOP100 的云计算企业中，美国占 84 家；亚马逊占全球 IaaS 市场的 40%、微软占全球 PaaS 市场的 64%、Salesforce 占全球 SaaS 市场的 21%。美国政府作为云服务的重要用户，加速了本土云计算产业的快速发展，其目前已有 600 多家政府机构和 2400 家教育机构使用了云服务。欧日等地的发展空间受到美国企业的挤压，在全球 TOP100 的云计算企业中，欧洲只有 9 家，日本则无一企业上榜。

云计算世界已分化为两大阵营，形成

了两大垄断集团：第一大垄断集团是亚马逊和谷歌，第二大垄断集团是EMC和VMware。除此以外，SAP、甲骨文、苹果、IBM、戴尔、微软等都在积极推广云计算服务（见表2）。

而各个云服务提供商的技术研发和产

表2 全球云市场垄断集团

垄断集团	公司名称	介绍
第一集团	亚马逊	亚马逊是最大的互联网在线零售商，是第一家将基础设施作为服务出售的公司。它将自己的弹性计算云建立在公司内部的大规模集群计算的平台之上，用户可以通过弹性计算云的网络界面去操作在云计算平台上运行的各个实例，而付费方式则由用户的使用状况决定。通过这种方式，用户不必自己去建立云计算平台，节省了设备与维护费用。

垄断集团	公司名称	介绍
第一集团	谷歌	硬件优势、大型数据中心、搜索引擎是促进谷歌云计算迅速发展的三大动力。谷歌云计算目标并不只限于个人用户,它追求的是覆盖从个人用户至企业用户的广大空间。
第二集团	EMC	EMC 公司是全球信息基础架构技术与解决方案的领先开发商与提供商。自 2008 年提出私有云概念后,EMC 就一直将私有云作为其打造的战略重点。一系列并购增强了其软件方面的力量,特别是 2004 年收购 VMWare 公司,使得 EMC 在云计算领域也获得了不少竞争优势。目前美国的公有云提供商几乎都是 EMC 的客户,国内企业中,淘宝等也在使用 EMC 的产品。
	VMware	VMware(威睿)作为全球领先的虚拟化和云基础架构解决方案提供商,于 2004 年被 EMC 公司以 6.35 亿美元现金交易签署并购,自此成为 EMC 云计算战略强有力的支撑。

资料来源:中国企业发展规划院《中国云计算发展研究报告》

品与服务创新也极大地推动了云计算的发展（见表3）。

表3

公司	研发进展
EMC	推出 Hulk 和 Main 集群 NAS 硬件及软件产品
Amazon	向用户提供基于 Amazon 万亿级计算业务架构的云计算服务
微软	推出了 Windows Azure 产品
谷歌	拥有自主研发的万亿级数据中心架构，是最早提供云计算服务器的厂商之一
Isilon	推出目前全球最大的 NAS 集群，该集群配置了约 100 个节点，理论上支持 2.3PB 的存储容量
IBM	推出"蓝云"（Blue Cloud）计划，包括一系列云计算技术的组合，成立云计算中心
惠普	联手英特尔、雅虎推出云计算试验台
NetApp	专门针对 NAS 和 SAN 产品的操作系统 ONtap GX 中提供了集群技术
Sun	推出了 ZFS 文件系统、低端 X4500 存储服务器和开源 Solaris 10 软件

4　中国云：市场与政策

（1）市场发展规模

我国云计算的发展始于 2008 年，正好处于全球云计算兴起的准备阶段，牢牢地把握住了行业发展的机遇期，因此也能够在市场格局未定的情况下实现诸多突破性成果。

2008 年至今，我国云计算市场规模一直保持飞速增长，年平均增长 61%，2013 年市场规模已达到 752.37 亿元。

从内部结构看，我国公共云服务市场仍处于低总量，高增长的产业初期阶段。据估计，2013 年我国公共云服务市场规模约为 47.6 亿人民币，增速较 2012 年有所放缓，但仍达到 36%，远高于全球平均水平。2013 年，我国的 IaaS 市场规模约为 10.5 亿元，增速达到了 105%，显示出旺盛的生机。IaaS 相关企业不仅在规模、数量上有了大幅提升，而且吸引了资本市场的关注，UCloud、青云等 IaaS 初创企业分别获得了千万美元级别的融资。过去几年里，腾讯、百度等互联网巨头纷纷推出了各自的开放平台战略，新浪 SAE 等 PaaS 的先行者也在业务拓展上取得了显著的成效，在众多互联网巨头的介入和推动下，我国 PaaS 市场得到了迅速发展，2013 年市场规模增长近 20%，但由于目前国内 PaaS 服务仍处于吸引开发者和产业生态培育的阶段，大部分 PaaS 服务都采用免费或低收费的策略，因此整体市场规模并不大。

（2）企业发展现状

无论是国外还是国内，在当前云计算发展初期，实力雄厚的大型互联网企业都是最主要的云计算服务提供商，例如阿里巴巴、百度等，以及在信息通讯方面占据绝对优势的大型供应商，例如华为、中国电信、中国联通、中国移动等。其业务形式以 IaaS+PaaS 形式的开放平台服务为主，其中 IaaS 服务相对较为成熟，PaaS 服务初具雏形。我国大型互联网企业开发了云主机、云存储、开放数据库等基础 IT 资源服务，以及网站云、游戏云等一站式托管服务。一些互联网公司自主推出了 PaaS 云平台，并向企业和开发者开放，其中数家企业的 PaaS 平台已经吸引了数十万的开发者入驻，通过分成方式与开发者实现了共赢。

国内企业的云计算发展水平较国外企业差距并不大，目前已经在千万亿次高效能计算机、高端容错计算机、网络计算平台软件技术、PB级海量存储系统与数据处理技术等方面积累了一批技术成果；大型互联网企业开发了云主机、云存储、开放数据库等基础信息资源服务等；电信和IT设备制造上在云计算专用服务器、存储设备、企业私有云解决方案的技术研发上具备了一定实力，专用服务器产品已经开始进入国际市场；IDC企业依托自己的数据中心开始提供弹性计算、存储与网络资源等服务；软件厂商逐渐转向云计算领域。

云计算产业格局在国际上尚未定型，技术体系和标准有待成熟，对中国而言存在发展窗口期，况且我国已经具备一定的产业基础，云计算的技术特点和开源化趋势也为我国企业提供了掌握核心技术、实现局部突破的良好契机。

云计算已经广泛应用于多个领域，如制造业、医疗行业、政府部门、教育行业、交通行业、金融行业和电信行业等。目前制造业已经开始建设一些云系统，使用更先进的信息化服务模式以提高其竞争力，如中国航天二院的云制造平台、天津卓朗科技的数字化工程仿真云平台和宁波市云制造服务平台等。医疗卫生行业已经尝试推广应用云计算。云计算可以把分散于各自医院内部的大量医疗资源集中起来，建设信息化平台和医疗信息系统（HIS）、PACS等体系，以提高医院的服务水平与核心竞争力。政府部门利用云计算技术实现跨部门跨区域的协同办公和数据资源的共享。高校科研院所已经开始研究云计算技术并尝试应用，如北工大用于科研的云计算平台。云计算在交通行业也已有应用，如Google地图服务，伦敦交通局与微软合作推出的移动应用开发平台等，但在国内交通行业的应用尚处于研究阶段。大型金融机构已经建立数据中心和灾备中心，并通过数据的大集中实现了信息和功能的跨区域共享，信息化程度相对较高，而中小金融机构面对云计算相对保守或信息化能力不足。电信行业把云计算作为未来数据业务的重点，推出了各自的云计算计划，如 2009 年，中国移动启动"大云计划"、中国联通启动"互联云"，以及 2011 年中国电信的"星云计划"。

大数据

1 大数据：数据分析的前沿技术

计算研究机构 Gartner 给出大数据（Big Data）这样的定义："大数据"是需要新处理模式才能具有更强的决策力、洞察发现力和流程优化能力的海量、高增长率和多样化的信息资产。从数据的类别上看，"大数据"指的是无法使用传统流程或工具处理或分析的信息。它定义了那些超出正常处理范围和大小、迫使用户采用非传统处理方法的数据集。"大数据"这个术语最早期是用来描述为更新网络搜索索引需要同时进行批量处理或分析的大量数据集。随着谷歌 MapReduce 和 Google File System（GFS）的发布，大数据不再仅用来描述大量的数据，还涵盖了处理数据的速度。从某种程度上说，大数据是数据分析的前沿技术（见图10）。

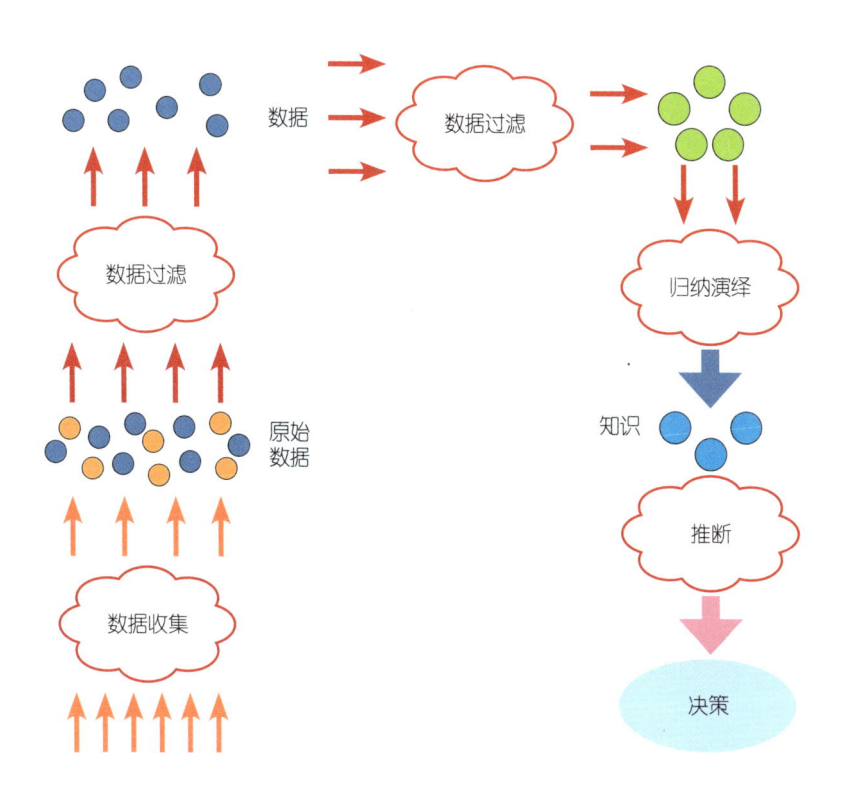

图 10　大数据技术应用基本原理图

资料来源：建投研究院，公开资料

虽然大数据已经成为全社会热议的话题，但到目前为止，"大数据"尚无公认的统一定义。我们认为，认识大数据，要把握"资源、技术、应用"三个层次。大数据是具有体量大、结构多样、时效强的数据；处理大数据需采用新型计算架构和智能算法等新技术；大数据不但强调以新的理念应用于辅助决策、发现新的知识，更强调在线闭环的业务流程优化。因此说，大数据不仅"大"，而且"新"，是新资源、新工具和新应用的综合体。

大数据的特征包括以下几个方面。

（1）数据量大（Volume）

第一个特征是数据量大。大数据的起始计量单位至少是 P（1000 个 T）、E（100

万个 T）或 Z（10 亿个 T）。

（2）类型繁多（Variety）

第二个特征是数据类型繁多。包括网络日志、音频、视频、图片、地理位置信息等等，多类型的数据对数据的处理能力提出了更高的要求。

（3）价值密度低（Value）

第三个特征是数据价值密度相对较低。例如随着物联网的广泛应用，信息感知无处不在，信息海量，但价值密度较低，如何通过强大的机器算法更迅速地完成数据的价值"提纯"，是大数据时代亟待解决的难题。

（4）速度快时效高（Velocity）

第四个特征是处理速度快，对时效性要求高。这是大数据区别于传统数据挖掘最显著的特征。

既有的技术架构和路线，已经无法高效处理如此海量的数据，而对于相关组织来说，如果投入巨大而采集的信息无法通过及时处理反馈有效信息，那将是得不偿失的。可以说，大数据时代对人类的数据驾驭能力提出了新的挑战，也为人们获得更为深刻、全面的洞察能力展现了前所未有的空间与潜力。

2 大数据市场：以用户为中心的组织变革

大数据的技术发展经历了概念提出

与酝酿（1980~2008年）、概念延伸（2008~2012年）和快速发展三个阶段（2012年至今）。尽管著名未来学家托夫勒在1980年就提出了"大数据"的概念，但是在很长一段时期内，由于IT产业发展能力以及信息资源的产业利用都还处于初级阶段，"大数据"的概念并没有得到人们应有的重视。

2008年的金融危机使得IT行业的跨国公司如IBM提出"智慧城市"的概念，大力推行物联网以及云计算，从而使得信息资料得以海量增长，同时其技术能力也面临大规模的紧迫需求。在这种情况下，美国的一些数据处理公司着眼于研发大规模的并行处理系统。在此需求的驱动之下，大数据技术很快得到应用，Hadop海量数据并行处理系统开始受到人们的广泛关注。从 2010 年开始，各大 IT 巨头在大数据领域的产品推出进度，包括 EMC、惠普、IBM、微软在内的全球 IT 巨头纷纷通过收购大数据相关厂商来实现技术整合，亦可见其对大数据战略布局的重视。支撑推动大数据的因素主要来自一些大型 IT 公司，如谷歌、亚马逊、中国移动、阿里巴巴等，他们需要以更加优化的方式存储和分析数据。此外，还有一些来自健康医疗、地理空间遥感和数字媒体等行业的大数据需求。

　　大数据产业的形成也经历了三个阶段：第一阶段是内部数据的整合与挖掘；第二阶段是企业内外部数据的整合及用户行为模式分析与数据挖掘；第三阶段是数

据驱动的以用户为中心的组织变革。

2012年全球大数据产业总体规模为114亿美元，2013年总体规模增长至180亿美元，到2017年大数据市场规模有望接近500亿美元。

美国是世界上大数据技术及市场应用的领先国家。美国联邦政府于2012年3月发布了"大数据的研究和发展计划"，该计划涉及美国国家科学基金、美国国家卫生研究院、美国能源部、美国国防部、美国国防部高级研究计划局、美国地质勘探局六个联邦政府部门，旨在提高从海量数字数据中提取知识和观点的能力，从而加快科学与工程发现的步伐。加强美国的安全和实现教学的变革，是美国为应对大数据革命带来的机遇，推动相关研究机构进一步进行科学发现和创新研究的重大举措。

美国联邦政府将大数据开发上升到国家发展战略层面，对世界各国产生了重大的影响。目前，欧洲的许多大型机构仍然处在大数据使用的早期阶段，而且严重缺乏有关大数据的技能，许多有关大数据的最新进展和技术都来自美国；因此，部分欧洲的机构要想跟上大数据快速发展的步伐，仍然面临着一定的挑战。但是，金融服务业，尤其是伦敦的投行业是欧洲最早采用大数据的行业之一，其在大数据方面的经验和技能足以媲美美国的大数据领军机构。而且该行业对大数据的投资一直维持着良好的势头，前景乐观。2013 年 1 月，英国政府宣布将在对地观测、医疗卫生等大数据和节能计算技术方面投资

1.89 亿英镑。

  日本政府对于大数据战略的应对相对比较及时。2012 年 7 月，日本总务省推出新的 ICT 综合战略"活力 ICT 日本"，重点关注大数据应用。2013 年 6 月，安倍内阁正式公布了新 IT 战略 ——"创建最尖端 IT 国家宣言"。这篇"宣言"全面阐述了 2013～2020 年以发展开放公共数据和大数据为核心的日本新 IT 国家战略。

  中国大数据市场规模正在迅速扩展。根据计世资讯 (CCW Research) 研究数据，2012 年中国大数据市场规模为 4.5 亿元，2013 年增长到 11.2 亿元，且此后将保持每年超过 100% 的增长率，到 2016 年，中国大数据市场规模将达 93.9 亿元。

大数据也引起了我国政府的高度关注。《国务院关于推进物联网有序健康发展的指导意见》（国发〔2013〕7号）提出，要"加快传感器网络、智能终端、大数据处理、智能分析、服务集成等关键技术研发创新"。2012年12月，国家发改委将数据分析软件开发和服务列入专项指南；科技部在2013年初所公布的"国家重点基础研究发展计划（"973计划"，含重大科学研究计划）2014年度重要支持方向"中，将大数据计算的基础研究作为其中的一项重要内容，《中国电子商务企业发展报告2013》要求"研究多源异构大数据的表示、度量和语义理解方法，研究建模理论和计算模型，提出能效优化的分布存储和处理的硬件及软件系统架构，分析大数据的复杂性、可计算性与处理效率的关系,为建立大数据的科学体系提供理论依据"。一些地方政府也在积极应对大数据的调整,加快本地区大数据技术产业的发展步伐。2012年12月,广东省启动了《广东省实施大数据战略工作方案》;北京成立"中关村大数据产业联盟";2013年7月,上海市政府有关部门发布了《推进大数据研究与发展三年行动计划(2013~2016年)》,将重点选取金融证券、互联网、数字生活、公共设施、制造和电力等具有迫切需求的行业,开展大数据行业应用研发,探索"数据、平台、应用、终端"四位一体的新型商业模式,促进产业发展。

分析机构 Wikibon 认为，2012 年全球大数据企业营收 50 亿美元，未来 5 年的市场复合年增长率将达到 58%，到 2017 年将达到 500 亿美元。IDC 则预测大数据技术与服务市场将从 2010 年的 32 亿美元攀升至 2015 年的 169 亿美元。尽管所预测的产业规模存在差别，但所给出的高增速说明两家机构对大数据的发展前景都充满信心。从实际运行的案例看，作为第一家专注于大数据领域的上市企业，Splunk 凭借其大数据监测和分析业务，营业收入已连续 4 年实现 80% 以上的高速增长。

移动互联网

1　移动互联网：技术与应用融合的典范

移动互联网是以移动网络作为接入网络的互联网及服务，具体是指用户通过移动终端获取移动通信网络服务和互联网服务，以及多媒体、定制信息等其他数据服务和信息服务。移动互联网包括三个要素：移动终端（有关移动终端的技术体系，详见本书附录）、移动网络和应用服务（见图11）。

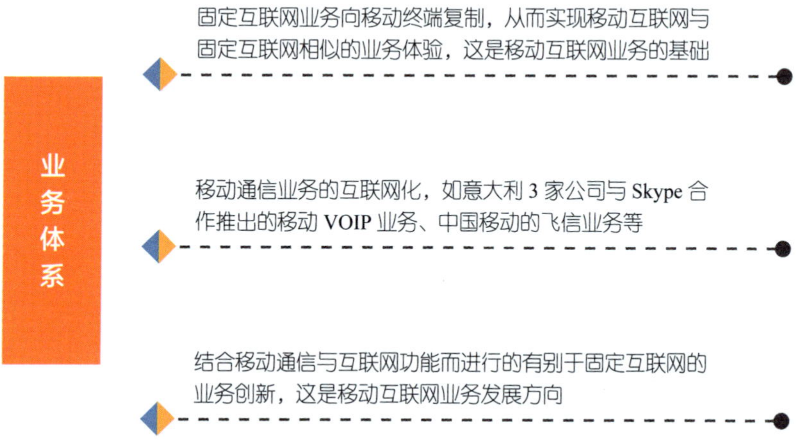

业务体系

- 固定互联网业务向移动终端复制，从而实现移动互联网与固定互联网相似的业务体验，这是移动互联网业务的基础

- 移动通信业务的互联网化，如意大利 3 家公司与 Skype 合作推出的移动 VOIP 业务、中国移动的飞信业务等

- 结合移动通信与互联网功能而进行的有别于固定互联网的业务创新，这是移动互联网业务发展方向

图 11-1　移动互联网的业务体系
资料来源：工业和信息化部电信研究院，《移动互联网白皮书》

移动互联网业务体系

互联网业务体系 → **移动互联网业务体系**

移动互联网业务体系：
① 固定互联网业务复制
② 移动通信业务互联网化
③ 移动互联网创新业务

互联网业务	移动互联网业务（复制/创新）	移动通信业务
浏览业务	移动浏览 / 移动地图业务	移动电话
搜索业务	移动搜索 / 移动音乐、视频	短信
Web2.0 业务	移动 Web2.0 / 移动广告	彩铃
电子商务	移动电子邮件 / 移动 VOIP	移动定位
网络游戏	移动即时消息 / 移动 Mashup	移动支付
IM	移动在线游戏 / 移动 SaaS	移动分组数据
……	移动电子商务 / ……	……

图 11-2　移动互联网的业务体系

资料来源：工业和信息化部电信研究院，《移动互联网白皮书》

移动互联网作为空前广阔的融合发展领域，与广泛的技术和产业相关联，纵览当前移动互联网业务和技术的发展，其主要涵盖六大技术产业领域：移动互联网关键应用服务平台技术、面向移动互联网的网络平台技术、移动智能终端软件平台技术、移动智能终端硬件平台技术、移动智能终端原材料元器件技术、移动互联网安全控制技术。其中，智能终端软、硬件技术是移动互联网技术产业中最为关键的技术（见图12、13）。

移动互联网的创新业务

移动 Web2.0、移动 Mashup、移动位置类业务……

网络能力聚合
数据聚合
应用聚合

移动通信网络能力

用户信息	移动网络能力
■ 终端配置、SIM 卡	■ 终端测量报告
■ 身份、注册信息	■ 网络鉴权
■ 业务订购信息	■ 定位能力
■ 计费账务信息	■ Push 信道
■ 通信行为	■ 短消息
（呼叫、浏览、位置）	■ 支付能力
■ ……	■ ……

互联网网络能力

互联网技术	互联网信息/应用
■ 搜索	■ 内容信息
■ SMS	■ 视频/图片
■ AJAX	■ 地图数据
■ Widgets	■ 开放 API
■ Tag	■ 商务信息
■ 博客/播客	■ 游戏
■ Mashup	■ ……
■ ……	

图 12　移动互联网的业务特点

资料来源：工业和信息化部电信研究院，《移动互联网白皮书》

移动互联网业务特点一	移动互联网业务特点二	移动互联网业务特点三	移动互联网业务特点四
终端移动性 移动互联网业务使得用户可以在移动状态下接入和使用互联网服务，移动的终端便于用户随身携带和随时使用	**终端和网络局限性** 主要表现为在网络能力方面，受到无线网络传输环境、技术能力等因素限制；在终端能力方面，受到终端大小、处理能力、电池容量等的限制	**业务与终端、网络的强关联性** 由于移动互联网业务受到了网络及终端能力的限制，因此，其业务内容和形式也需要适合特定的网络技术规格和终端类型	**业务使用的私密性** 在使用移动互联网业务时，所使用的内容和服务更私密，如手机支付业务等

图 13 移动互联网的业务特点

资料来源：工业和信息化部电信研究院，《移动互联网白皮书》

2　十余年间的爆发式发展

我国移动互联网发展迅速，从 21 世纪初萌芽开始，经历了飞速发展。2000~2003 年，智能手机开始逐步增长，移动互联网开始萌芽。2006 年，移动互联网的市场规模已从 2003 年的 29 亿元增长至 69 亿，用户规模也增长了近 4 倍，达到 4483 万个。数据表明移动互联网发展迅速，各大运营商和终端设备开发商看到这一发展趋势，开始增大力度加大政策监管力度，加快行业市场盘整。同年，大量互联网服务商开始转型进入移动互联网市场；2007 年，苹果终端 iPhone 开始推出；受苹果影响，Google 宣布推出基于 Linux 的 Android 系统，并于同年 9 月推出 Google 手机；同年 4 月，诺基亚宣布转型为移动互联网服务商。众多厂商的加入迅速扩大了市场和用户规模，提升了智能终端的产业价值。2008 年，苹果公司宣布开放基于 iPhone 的软件应用商店 App Store，向 iPhone 用户提供第三方的应用软件服务，这个将网络与手机相融合的经营模式被认为是移动互联网划时代的创新商业模式，取得了巨大成功。2011 年，移动互联网的各种应用开始普及，移动互联网的用户习惯开始养成。根据 CNNIC 的报告统计，2013 年全球移动用户已超过 50 亿个，国内移动用户已达到 8 亿个。2013 年，"互联网+"成为热词，传统行业纷纷与互联网尤其是移动互联网"联姻"。从报刊、网站到医院、银行，从读书、教育到娱乐、购物，几乎各行各业都在试水移动客户端。

我国移动互联网近年来呈现出迅猛的发展态势。2008年中国移动互联网市场规模达到了388亿元，用户数量突破2亿元大关，达到20514万个。继2007年产业盘整后，移动互联网内容及应用开始规模化丰富，用户渗透率及活跃度得到巨大提升，如无线音乐、手机游戏、手机浏览器和移动搜索等移动互联网应用服务开始普及。

从2011年到2013年，中国移动互联网经历了飞速发展的三年。2013年，我国移动购物市场交易规模达1676.4亿元，各大电商在移动端加速"跑马圈地"。同时，基于移动互联网的新型移动支付发展迅猛，2013年移动支付市场交易规模突破1.3万亿元，同比增长8倍多，远超个人电脑支付增长率。2014年，中国移动互联网将进入持续稳定期，逐步探索实现入口平台整合、行业跨界融合、终端全智能化、应用大数据化。

根据CNNIC《中国互联网络发展状况报告》统计，截至2014年6月，中国网民有6.32亿个，互联网普及率达到46.9%。其中，手机网民规模达到5.27亿个，占83.4%，手机使用率首次超越传统PC使用率，手机作为第一大上网终端设备的地位更加稳固。

3. 超越技术链条的跨界应用

2014年以来，网民对移动网络应用的使用越发深入。交流沟通类应用中，即时通信使用率继续攀升，第一大网络应用的地位更为稳固。微博客市场逐步进入成熟期，整个市场呈现出集中化趋势。社交类网站呈现持续下降趋势，移动社交逐渐向单一应用聚合。移动商务类应用在移动支付的拉动下，正历经跨越式发展，在网络应用中地位越发重要，手机网上支付、手机网络购物、手机网上银行和手机旅行预定应用的网民规模半年增长速度均超过40%，带动整体互联网商务类应用增长。休闲类娱乐应用中，手机网络游戏和手机网络音乐使用率保持快速增长，在2013

年整体发展下行的背景下，网络游戏、网络音乐在 2014 年上半年出现回暖，使用率基本恢复到 2012 年底水平。信息获取类应用发展较为平稳，但手机搜索引擎随着各大品牌手机搜索 App 的推出、手机浏览器等多渠道推广及各类应用的用户导流，用户规模在保持高位情况下依然增长强劲。互联网金融类应用增多，互联网理财产品仅在一年时间内，使用率超过 10%。

移动互联网的应用呈现出以下特点。

第一，应用服务本土化优势明显。我国部分移动互联网应用服务在技术创新、服务体验、内容资源等方面已实现较好的用户积累，形成稳定的市场格局，保持着较为领先的竞争优势。例如，至 2010 年底，手机 QQ 和飞信在我国移动 IM 市场的占有率已经超过 80%，同时，我国互联网巨头全线进入移动互联网，新浪、腾讯、开心网等依托自身的互联网业务优势在应用服务领域起了一定的引领作用，如微博客、移动 SNS 等。

第二，新的服务模式不断涌现。追随全球发展潮流，我国产业各方积极参与，应用商店全线铺开。目前，我国三大运营商，联想、宇龙酷派等终端制造商，华为等网络设备厂商均面向自身的用户需求开设了应用商店，促进应用的自主创新。同时，结合产业发展情况，我国应用商店在合作、推广等方面也表现出独有的特色，如中国移动 MM 同终端厂商合作的"店中店"模式；华为数字商城同运营商合作的应用销售分成模式。另外，移动支付产业链的逐步完善推动了移动电子商务迈向正轨。

第三，移动运营商加快向移动互联网转型。三大运营商都把移动互联网作为最重要的发展方向之一，不仅以最快的速度开设了应用商店，而且面向典型的移动互联网业务应用（无线音乐、手机阅读、游戏、视频、位置、电子商务等）构建了平台级的产品和运营基地；同时，运营商也与产业链各方积极合作，如中国移动和新华社联合推出搜索引擎——盘古搜索，将互联网服务与移动终端深度融合，充分利用自身的技术优势，实现了将桌面搜索结果"直达"手机的搜索服务新体验（见表4）。

表4 我国手机用户对各类移动服务的使用规模和发展变化的统计情况

应用	2014年6月 用户规模（万）	2014年6月 网民使用率（%）	2013年12月 用户规模（万）	2013年12月 网民使用率（%）	用户规模半年增长率（%）
手机即时通信	45921	87.1	43079	86.1	6.6
手机搜索	40583	77	36503	73	11.2
手机网络新闻	39087	74.2	36651	73.3	6.6
手机网络音乐	35462	67.3	29104	58.2	21.8
手机网络视频	29378	55.7	24669	49.3	19.1
手机网络游戏	25182	47.8	21535	43.1	16.9
手机网络文字	22211	42.1	20228	40.5	9.8
手机网上支付	20509	38.9	12548	25.1	63.4
手机网络购物	20499	38.9	14440	28.9	42
手机微博	18851	35.8	19645	39.3	-4
手机网上银行	18316	34.8	11713	23.4	56.4
手机邮件	14827	28.1	12714	25.4	16.6
手机社交网站	13387	25.4	15430	30.9	-13.2
手机团购	10220	19.4	8146	16.3	25.5
手机旅行预定	7537	14.3	4557	9.1	65.4
手机论坛	6890	13.1	5535	11.1	24.5

2014年7月21日，CNNIC发布第34次报告。根据这份报告，2013年全球移动用户已超过50亿个，国内移动用户已达到8亿个，越来越多的人希望在移动的过程中高速地接入互联网，获取急需的信息，完成想做的事情。移动互联网的发展及其应用带来的影响是巨大的。越来越多的人都在使用移动终端搜索信息、分享感受、聊天交流、协同工作、购物消费。每天有数以亿计的用户登录移动互联网，每人平均在上面停留数十分钟乃至十多小时。"移动"已经成为很多人日常生活的一部分，他们的生活方式和消费习惯也都因"移动"而发生很大的变化。

整体而言，移动互联网发展是一个有整合、有拓展、有创新，更广泛、更深入、更规范的过程。在全民移动互联网时代，现状令人欣喜，未来更令人期待。并且，移动互联网渗透到诸多行业，对人类的生产经营活动产生了巨大的影响。移动互联网将催生许多新的产业和新的商业模式，促进传统产业的转型与升级。

4. 变化中的全球市场格局

目前发达国家的移动互联网产业已处于爆发性发展阶段。从总体上看，全球大的格局仍在变化中，但初步形成了几大阵营。在终端软件平台方面，目前苹果、谷歌、微软协同诺基亚三大阵营实力最强，RIM、惠普、三星紧随其后，谷歌的Android已居全球智能终端出货量的第一位，在过去的一年中达到惊人的 615.1% 的增长率。在终端硬件平台方面，目前智能终端芯片的竞争集中于美、英两国若干 IC 巨头之间（特别是 Intel 和 ARM）；显示屏等关键器件则由韩国、日本、中国台湾地区把持；此外占据成本较高的存储技术主要由韩国阵营掌握，中国台湾地区处于跟随状态；而传感器作为重要元器件则由美国引领。在网络应用服务方面，谷歌和苹果处于领先地位，在最关键的应用商店方面，苹果遥遥领先，其 App Store 应用数量超过 35 万个。在其他应用服务方面，移动互联网继承、融合了大多数互联网风行的业务，如 Twitter、Facebook、搜索、电子商务、网络广告、网络游戏等。

以美国为代表，由移动互联网应用巨

头、领袖型的消费电子、智能终端企业、富有创造力的移动互联网用户群体构成的移动互联网产业雏形已经具备。对比来看，我国移动互联网发展在总体上仍然处于产业的初步形成阶段，产业形态、格局还不是非常清晰。在关键的终端操作系统、终端核心芯片、移动 Web 技术方面基本处于追随状态。大量的移动互联网典型应用，如微博客、移动视频、移动电子商务还刚刚兴起，用户应用范围相对局限，大规模产业放量尚未出现。但是，目前我国移动互联网蓬勃酝酿态势已经十分明显，中国（移动）互联网企业获得国际一流资本市场青睐，海外上市屡创新高；智能终端占移动终端出货比例猛增，超过 10 个百分点，超过全球平均水平；中国企业在操作系统、跨平台应用软件、芯片等关键技术领域已经开始突破;应用商店数量超过10万个。

但当前,我国移动互联网发展在总体上仍然处于产业的初步形成阶段,产业形态、格局还不是非常清晰(见图14)。

在移动智能终端操作系统上，相比国外主流阵营在产品成熟度、产业链支持等方面还存在巨大差距

移动数据业务尚处于发展初期

中国差距

我国在移动智能终端处理器领域一直处于追随阵营，核心芯片领域基础薄弱

缺乏本土智能终端领军企业

移动智能终端高成本部件尚需依赖进口

图14 移动互联网中中国与世界的差距

目前全球范围内信息化基础较好的国家和区域皆已纷纷跨入了移动互联网时代尽管我国移动互联网发展在总体上仍然处于产业的初步形成阶段，产业形态、格局还不是非常清晰。但目前我国移动互联网蓬勃酝酿态势已经十分明显，中国移动互联网企业已获得国际一流资本市场青睐。

总体上看，全球移动互联网虽然已处于爆发性发展阶段，但其发展方向、产业规则尚未最终形成，国际格局仍然在不断变幻，我国仍存在创新突破的巨大空间和时间窗口。随着 3G 网络和智能终端的成熟和普及，互联网企业的移动化转型，我国移动互联网产业将在未来两年内出现质的飞跃，成为具有实质意义的重量级产业。

第二篇 | 产 业

第二篇 产业

多数产业的发展都伴随着新产品的出现和原有产品的淘汰，这主要是由于产品固有的成本使原有产品已不能满足基本的效用与成本比率。然而在信息技术产业中，基于虚拟化、数字化和服务供给在更大层面上的规模化，相关应用服务的生产、运营、流通成本却均几乎可以忽略不计。信息技术的发展是一个有整合、有拓展、有创新，更广泛、更深入、更规范的过程。信息技术渗透到诸多行业，对人类的生产经营活动产生了巨大的影响。我们可以大胆预测，信息技术将催生许多新的产业和新的商业模式，促进传统产业的转型与升级，同时，也将颠覆性地影响或改造那些曾为我们熟悉的行业。

颠覆性产业影响

一是文化产业中的一些传统业态。包括实体唱片业、光盘租赁业、传统出版行业及其产业链条上的印刷业。随着信息传播方式与人们获取视听渠道的改变，传统的信息载体印刷用纸将被以硅为主的电子材料取代，传统出版行业的经营模式难以为继，但出版行业或不会就此消亡，而是以更目标客户锚定，更私人定制，更小众却受众稳固的形式走向新的发展路径。二是传统的通信与物流行业。绿色邮筒和电报的逐渐消失，预示传统通信与物流行业在社会经济生活中的淡出。邮局如果不能向快递业或物流业方向转型，那就只有等人们来送行悼念了。据马云调查的数据，现在中国每天有 2500 万个左右的包裹，预计 10 年后是每天 2 亿个。电子商务的兴起，是传统物流行业转型的重要机遇。

改造升级性产业影响

1 农业

在传统产业中,农业作为第一产业,具有基础性的作用。在大数据时代,农业与大数据必然发生各种联系,通过大数据带来的技术突破推动农业迈向全面信息化时代,通过农业的快速发展推动大数据更加落地,产生实效。

农业大数据的集成和未来的挖掘应用对现代农业的发展具有重要作用。在农业发展中,大数据不仅可以渗透到耕地、播种、施肥、杀虫、收割、存储、育种、销售等各环节,而且能够帮助农业实现跨行业、跨专业、跨业务的发展。

对于中国的 8 亿农民、18 亿亩耕地和 186 万个乡村来说，其所产生的数据量不仅巨大，而且类型丰富。如果能够深度挖掘，产生的价值更是不可估量。但如同大数据第二个和第五个特征所说，需要高度精确化、处理速度及时的分析，才能够实现价值的显现。

大数据对农业的影响具体体现在三个方面。

一是面向农村、农业、农民的大数据垂直应用。通过农业大数据的应用，不仅将为农民的农村生产和生活提供方便，而且将为生产发展和政府决策提供科学、准确的依据。通过开发指向农业的移动大数据应用系统，让农民在田间地头就能够获知各种农业动态信息；通过开发面向农业的移动智能大数据感应系统，让农作物的生长情况"扫一扫"就能及时显示在农民的手中，并通过网络直接连接到政府提供的农业大数据平台从而实现精确的生产性指导；通过开发直达农民家门口的农村智能大数据分析系统，让农民对市场、政策、生活的预期更加准确。

二是面向农产品市场、农业产业的大数据预测系统。最主要的是要建立农产品智能标签。标签是行业应用的基础。不管什么行业，都需要精细化整理自己顾客的属性标签以及商品属性标签，农业作为生产农产品的行业，必然会涉及各种农产品的标签汇整问题，并且这些标签必须能够细化到单株作物，实现农业生产的精细管理和准确预测。

三是跨行业的农业内外部数据的管理、链接与整合。通过农业政策，将整个农业行业内外，包括生产、加工、物流、营销、回溯的各种数据进行数字化的记录、分析和整理，为农民管理生产提供依据。这种"大数据驱动"的农业，必然使得农民的生产活动变得更有效率、更开放、更精细。同时，基于大数据的分析，也能够帮助政府有效监控各种农业政策的实施情况，及时纠正农业生产中的偏差和失误。

另外，通过整合每个农村内部和外部数据，农业与行业外数据，并在户与户、巷与巷、村与村、农产品与农产品、农产品与相关配套、当季生产与未来预期之间建立链接，并进行分析整理，实现农民、农村、农业三个层面的数据共享互通,形成现实的网状的面向农村、惠及农民、给力农业的大数据场景。

通过云计算等基础设施建设,对农业生产的各种要素进行数字化设计、智能化控制、精准化运行、科学化管理,实现云服务与农业发展的紧密结合,从而推动农业信息化建设,推动传统农业的转型升级,诞生出"云农业"。云农业是指以云计算商业模式应用与技术(虚拟化、分布式存储和计算)为支撑,统一描述、部署异构分散的大规模农业信息服务,满足千万级农业用户数以十万计的并发请求,满足大规模农业信息服务对计算、存储的可靠性、扩展性要求。

在农业生产中,信息化平台使农业数

据更加精确、全面、即时，而通过云计算进行的数据挖掘可以有效帮助管理者做出决策。云计算与农业的结合使得农民或农业管理者能够按需部署或定制所需的农业信息服务，实现了多途径、广覆盖、低成本、个性化的农业知识普惠服务，帮助农民增产、增收；同时在农业生产中通过软硬件资源的聚合和动态分配，实现资源最优化和效益最大化，降低了服务的初期投入与运营成本。农民在生活中可以借助云平台信息传播媒体，利用其设计并提供针对农村、农业、农民特点和使用习惯的软件与服务，提高自身的生活质量。

2　传统制造业

　　云计算对制造业的影响主要表现在创新了制造业的运营模式,诞生出"云制造"。云制造借鉴了云计算的"以服务为中心"的精神,提出"制造即服务",不直接出售标准产品,而是将"制造能力"作为商品出售,提供更多个性化定制产品。云制造将制造业资源进行虚拟化、优化调度并协同互联,这些制造资源包括制造全生命周期活动中的各类制造设备(如机床、加工中心、计算设备)及制造过程中的各种模型、数据、软件、领域知识等。云制造是希望采取包括云计算在内的当代信息技术前沿理念,支持制造业在广泛的网络资源环境下,为产品提供高附加值、低成本和全球化制造的服务。

云计算对制造业的影响主要体现在：一是提升制造业企业的核心竞争力。在企业层面上，采用云制造模式的企业能够通过购买服务的方式，降低设计与制造成本，大幅缩短企业产品升级换代周期，提高产品性能，提升企业信息化能力，大幅提升工业企业的自主创新效率，并推动企业核心竞争优势的提升。二是帮助中小企业向专业化生产转型。云制造模式尤其适合专业化中小企业的发展。基于互联网的云制造服务平台支持制造外包，可实现制造资源和制造能力的网上交易，帮助专业化的加工制造企业赢得更多商业机会，促进中小型制造企业优胜劣汰，实现企业的合理分工与高效协作。三是促进产业链整合，提升社会生产力。在产业整合层面上，云制造能将个性化的工厂、小设备公司结合起来，形成一个制造个性化产品的产业链条，完成只有大公司才能完成的制造实践，充分利用分工提升社会生产力。四是推动个性化定制生产，符合消费者需求。对于消费者和整个社会来说，将获得种类更加丰富、更符合消费者需求的制造品，提升消费体验，促进制造业实现质的飞跃。

移动互联网技术使得互联网已经从消费互联网发展成为产业互联网，新的商业形态开始进入产业领域，并且从服务业逐渐走向制造业，走向工业领域。互联网与工业融合，以及通过创新新兴通信技术，使制造业本身从数字化走向了网络化、智能化。

一是制造业服务化，由单纯的产品制造向服务制造转变。如三一重工通过网络实现服务型制造。通过在设备上安装2G、3G的移动通信模块，与三一重工的后台联系起来，可以实时采集设备的运行状况，进行主动维护。三一重工在全球有10万台设备接入了后台的网络中心，通过大数据处理进行实时的远程监控预警。三一重工实施系统运行后，企业利润大幅度提升，3年间的新增利润超过20亿元，而成本降低了60%。

二是个性化定制，由规模化标准产品向个性化定制产品延展。通过移动终端搜集用户数据，在后台的云中心进行大数据分析。通过大数据分析对市场进行预测，可以延伸到产业生态圈的其他环节，进行跨界经营。通过这样的方式，既实现了个性化制造，也实现了批量化生产。根据用户群的需求，提炼共性，就可以实现批量生产。既控制成本，又满足了个性化需求。如尚品宅配每年获取30多万用户的信息来充实数据库，由3000多位设计师通过互联网进行家具设计。这家企业的板材利用率可以达到93%，而同行业只能达到80%多。这是非常典型的移动互联网生产模式。

三是组织分散化。过去的工业都是集中式的大规模生产，由于与互联网的融合，已经呈现向组织分散的转变。主要模式包括协同研发、众筹融资、众包设计、网络制造，而这些模式已经开始广泛地为移动终端所联结和实现。以海尔公司为例，他们建立了开放创新平台,面向全球的设计资源和用户需求,征集产品解决方案。现在已有跨越视频、电子、家电等领域的200多万专业设计人员注册。通过这样的平台,有1600多名设计师参与帝樽空调的设计,两年内收集了12万条用户需求和创意。这款空调入选了2012年世界创意经济研究中心"影响世界的十大创意产品"。

3 金融服务

金融业是所有产业中收益相对较高也是对市场反应较为敏感的产业,金融信息化的建设一直是技术与商业探索的热点。提升内部效率,降低沟通成本同时提供更多的渠道来服务于金融客户是金融信息化的根本出发点。

一是全面提高了金融行业管理及经营效率。云计算的最大优势就是利用并行计算、分布式计算和网格计算节约了软硬件资源，共享的基础设施和数据信息大大降低了金融机构各自建立信息处理系统的物力成本和费用，提高了线上（虚拟化）的业务收入，实现效益最大化。在企业内部管理方面，以移动营销、移动客户关系管理、移动数据报表、移动信贷等为代表的移动办公模式逐步应用于金融行业内部管理，提高了企业内部的工作效率、降低了企业运营成本，提供了更方便的业务流程，帮助企业员工带来更高的效益。同时，通过提供对外服务的移动产品，增加服务渠道，在提供更方便的服务的同时大大降低了传统渠道的成本还可以带来新的收益。通过整合其他行业资源并利用移动智能终端给用户带来的随身性、便捷性极大地增加了边际效益。目前常见的金融移动外部产品应用类型包括移动银行、移动掌上生活、移动理财投资、移动支付等。

二是云计算时代的金融业诞生了新产品、新业务。基于云计算技术，金融业也再次发挥创造性，迎合市场需求，出现了例如云保险、一站式财富管理等新兴业态。云计算在金融行业中的首要问题就是如何保障信息的安全可靠，包括避免数据信息泄漏、非法使用、丢失以及保证信息的真实可靠等。这种对信息安全的担忧促进了云保险业的诞生，即保险公司对于云服务提供商可能发生的服务失败做出经济赔偿的承诺。此外，基于云服务平台，金融机构可以将不同地理位置的服务器、风险控制中心、客服中心等部分联结起来，共同组成该金融机构的产品服务体系，为不同地理位置的不同客户提供同样细致周到的产品体验。在这种模式下，客户不再需要去特定的营业部或柜台办理特定手续，从而有效地解决了金融机构饱受诟病的用户服务体验问题，改善吸引、留住和服务客户的方式，并扩大其服务的市场，提升了金融机构的形象。

三是移动金融顺应多层次金融需求，推动实现金融服务的普惠性。移动金融蓬勃发展，一方面让互联网巨头纷纷进军金融服务领域，另一方面，包括传统商业银行在内的各种金融机构，也都加快了与互联网融合的脚步，以其简单、便捷、门槛低的优势，让更广泛的人群，尤其是弱势群体，能有机会享受到种类更多、更优质的金融服务。从转账支付到理财产品的购买，都可以给老百姓提供便利性服务。从这个意义上来讲，移动金融的时代，打开了普惠金融的大门，把每个人都带进了便利的消费时代。

四是移动金融未来有望改变金融业经营模式，金融业竞争格局或因此发生改变。随着移动金融应用的普及，未来银行、证券等行业的网点规模效应可能会递减，更多的网点可能会消失，绝大部分业务将由线下转到线上，行业的竞争将更多依赖产品设计创新能力、客户需求锚定能力、跨界资源的整合能力等软实力。这将带来金融业竞争格局的重构。

五是不同类型的金融机构分享金融全网信息，降低了金融风险。金融机构构建云化的金融信息共享、处理及分析系统，可以使其扩展、推广到多种金融服务领域。诸如证券、保险及信托公司均可以作为云金融信息处理系统的组成部分，在全金融系统内分享各自的信息资源。通过分析全网信息，金融机构能够更准确地挖掘隐蔽的经济趋势，提前预警并防范，一定程度上可以降低系统性金融风险的发生概率；金融机构也可以利用云端信息分析个别客户的信用情况，降低业务风险。

随着传统金融的互联网化，现在越来越多掌握大数据的互联网企业开始涉足金融业，运用有别于传统金融业的思路设计金融产品，以更精准的方式进行推广和销售，通过全新的概念进行金融服务，也给传统金融业带来新的挑战。

相对于传统金融而言，大数据对于互联网金融的影响更多地表现在催生和推动方面。

互联网金融有明显的互联网特征，打破了传统金融业的收费模式。通过免费方式和完全开放的平台，在分享数据信息的同时聚集大量的数据、大量的客户，覆盖了传统金融业无法覆盖到的基层用户和小微企业。以阿里巴巴为首的跨行业的"颠覆者"发挥了互联网的优势，他们积累了比银行活跃度更高的中小微企业用户，并掌握着这些用户的产品数据、销售数据、应收账款、存货金额、资金流向、物流信息、点击次数、与外界的链接程度以及相关产品等多方面信息。即使是普通购买者也存留了消费偏好、消费习惯、资金流向、支付方式、家庭住址等相关信息，其中某一个信息结合了多个维度就会得出实时、精准的相关预测和结论。它对用户个体的了解，远远比银行拥有的代收税费加工资卡的信息颗粒度更细、活性更强。

同时互联网企业也有着独特的互联网金融时代的基础设施，主要包括第三方支付平台、点击与评价体系和非常重要的基础设施即云平台和云服务。在这三个互联网基础设施具备的条件下，数据分析团队基于数据对未来产品进行设计、定价、管理。风险控制将是互联网金融的核心。互联网金融产品将紧密贴合消费者需求，强调客户的极致体验，精准地推送信息，形成一种互联网和金融的融合经济，不断挖掘新的需求，形成更多的金融业态和金融形态。

在大数据技术的影响下，互联网金融和传统金融沿着不同的路径分别切入，共同推进金融产业的大变革，而大数据的积累和挖掘成为企业经营的核心资产，并加速金融脱媒，提高资源分配效率。

4 医疗健康

云医疗 (Cloud Medical Treatment，简称 CMT) 是指在云计算、物联网、3G通信以及多媒体等新技术基础上，结合医疗技术，旨在提高医疗水平和效率、降低医疗开支，实现医疗资源共享，扩大医疗范围，以满足广大人民群众日益提升的健康需求的一项全新的医疗服务。云医疗包括云医疗健康信息平台、云医疗远程诊断及会诊系统、云医疗远程监护系统以及云医疗教育系统等。移动医疗的技术创新、商业模式创新为医疗健康服务提供了新的解决方式，为医疗投资带来了新的盈利模式，趋势性地展现了未来医疗服务的新模式。

一是信息技术可以促进医疗信息的资源共享。云计算加快了医疗信息资源的建设，实现了信息资源共享，提高了整个医疗机构的服务水平，也降低了医疗行业信息系统的建设成本。通过推动医疗卫生服务和管理机构之间的标准建设、数据共享、信息整合，有效规划信息系统建设，提高医疗卫生机构的医疗质量和服务能力以及运营管理效率，实现以患者为中心的医疗信息化系统建设。个人碎片化的医疗、健康数据经过采集、分析和处理，能够成为整合化的有用信息。正是这种加工后的可用性，使个人医疗、健康信息如同矿产资源一样能够实现价值增值，成为一种重要的经济资源。但这种资源与矿产资源等有所不同，这些数据必须在电子信息技术、互联网技术、云计算技术等高新技术的支撑下才能够实现经济价值。同时，移动互联网使得更多的医学资料能够在手机中存储，为医疗健康服务提供新的解决方式。医疗信息采集系统基于医疗信息的采集和人体信号的检测，其核心是围绕每一个接受医疗服务的人，将医疗资源和各种医疗服务在无线应用领域连接在一起。新一代的嵌入式操作系统的研发，将心电、血压、血糖等基本医疗信息数据的采集植入移动终端，开展医疗服务。手机传感器技术，可搜集生理参数；基于地理位置的服务（LBS），可推荐附近的医疗点；医疗健康服务在移动终端的使用，使信息采集功能多样化，改变了基本医疗信息的采集模式，更加快捷、高效。具体应用在移动医疗领域，如超声波诊断系统、手机听诊器等。超声波诊断系统是将移动超声探头插入智能手机中，可以实现手持式超声显像。手机听诊器是一款应用程序，只要把手机的麦克风，贴在靠近心脏的6个特殊位置，就能清楚地听到心跳声，还能录音，方便医生作远程诊断。这个软件不仅可以挽救生命，而且能使偏远地区的医生获得专业知识。来自澳大利亚的团队开发了一个应用 StethoCloud，将一个特殊的听诊器插到智能手机上，用于诊断一到五岁的幼儿是否得了肺炎。

二是信息技术创新医疗服务模式。云计算可以将电子病历、预约挂号、电子处方、电子医嘱以及医疗影像文档、临床检验信息文档等整合起来建立一个完整的数字化电子健康档案系统，并将健康档案通过云端存储作为今后医疗的诊断依据以及其他远程医疗、医疗教育信息的来源等。基于云计算的电子病历和健康档案共享将为医院和病人节约大量时间，提高医疗运作效率。它大大改善了现有信息资源孤立的状况，有利于形成医疗信息大联合的景象，从而将整个社会的医疗资源和各种医疗服务，如医院、专家、远程服务、社会保险、医疗保险、社区医疗、药品供应厂商、数字医疗设备供应商等通过"云"连接在一起，以实现全面整合医疗信息资源，提升整体医疗水平和效率的目标。电商模式在医疗领域的应用，实现了移动用户的个性化服务和服务流程的便捷。医疗学术机构提供付费的医学文献资料，移动医疗企业直接面向用户提供付费医疗服务等模式催生了掌上药店、掌上医生等多种移动医疗服务模式，一方面为用户提供个性化、便捷化的医疗相关服务，另一方面移动医疗App企业可以通过提供医疗信息健康平台，采集健康数据库，之后将采集到的部分非隐私数据进行处理，提供给药厂、药店、医院和保险公司，促进医疗信息在各个领域的应用。

三是通过远程医疗云平台扩大服务范围，移动医院模式将打破传统的医疗模式，有望成为未来发展趋势。云计算技术下的远程医疗大大扩展了有限医疗资源的服务范围，提高了医疗资源的使用效率。大型医院运用数字化医疗设备、计算机网络平台和各类应用软件系统对医疗服务和管理信息进行收集、整理、统计、分析和反馈。基层卫生机构运用云计算，通过数据、文字、语音和图像资料的远距离传送，实现专家与病人、专家与医务人员之间的异地"面对面"会诊。针对边远地区和社区门诊，通过云计算技术远程诊断及会诊系统，在医学专家和病人之间建立起全新的联系，使病人在原地、原医院即可接受远地专家的会诊并在其指导下进行治疗和护理，可以节约医生和病人大量的时间和金钱。远程医疗云平台也可用于医疗教育系统中。在以云计算技术为基础的医疗健康信息平台基础上，以现实统计数据为依据，结合各地疑难急重症患者进行远程、异地、实时、动态电视直播会诊以及进行大型国际会议全程转播。通过组织国内外专题讲座、学术交流和手术观摩等手段，可极大地促进我国医疗事业的发展。传统的医疗模式一般都是"发病—检查—诊断—治疗—复查"，这一系列过程都在医院进行，而平时患者对自己的身体状况不甚了解。移动医院模式从"预约挂号"开始到"诊断治疗"实现随时随地的便捷体检。预计未来十年，此种在移动医疗领域的特殊商业模式有望成为未来发展趋势，推动移动医疗服务的整合。

5　文化传媒

一是改变传统文化传媒的传播方式，带来新的视听模式。如移动电视，目前移动电视用户主要集中在积极尝试新事物、个性化需求较高的年轻群体，这样的群体在未来将逐渐扩大。随着移动电视业务进一步规模化，广告主也将积极参与其中。截至 2013 年 12 月，我国手机端在线收看或下载视频用户数为 2.47 亿，年增长率高达83.8%。移动互联网正在将人们从电视台的播放时段中解放出来，从影院、客厅、个人电脑中解放出来。又如移动电子阅读，随着网络的快速发展和生活节奏的加快，利用上下班坐车的零碎时间已经使我们阅读习惯潜移默化地发生了改变，移动电子阅读成为现代人的一种生活方式。内容数字化，使电子阅读丰富多彩，结合手机多媒体的互动优势，不但增加了音乐、动画、视频等新的阅读感受，还可将这种感受随时带在身边，移动电子阅读市场的繁荣是可以预见的。

二是充分利用文化产品的黏性，将客户绑定移动端，实现创新性盈利模式。在移动网络虚拟世界里面，服务社区化将成为焦点。社区可以延伸出不同的用户体验，提高用户对企业的黏性。如我们常用的QQ、MSN等。移动广告业务是一个具有前瞻性的业务形态，可能是下一代移动互联网繁荣发展的动力因素。另外手机游戏的方便、快捷让我们可以随时随地地享受游戏的乐趣。手机游戏的黏着性非常强，成为移动互联网的杀手级盈利模式，将掀起移动互联网商业模式的全新变革。

6　旅游休闲

移动互联网技术通过对旅游休闲业产业链各环节的渗透，打破旅游产业链原有的结构和平衡，促生新的商业形态和交互模式。

一是应用于旅游内容的提供。内容提

供者位于旅游产业链的最前端，为整个产业链的运转提供信息资源。内容提供者可以将信息打包销售给专业的旅游服务机构，也可以让消费者直接有偿下载使用。移动互联网进一步降低旅游服务的进入门槛，只要感兴趣，所有人均可以成为旅游内容提供者。安装客户端软件上网的方式为所有人提供了平台，以苹果公司的 APP Store 为例，商城里有关旅行的应用软件就达 2100 多个，并且每天都有新的软件出现，涉及食、住、行、游、乐、购等与旅游相关的各个方面。随着智能手机的普及，将有越来越多的个人开发者或团队参与到这类软件的制作中，移动互联网将为有志于此的人提供舞台，内容提供者的大量涌现、云计算的兴起，将使旅游信息更加丰富多彩。

二是应用于旅游服务的提供。旅游服务提供商是指直接向游客提供旅游服务的机构或组织,是旅游产业链的核心环节,包括旅游服务网站、旅行社、旅游景点管委会、酒店、景区商店,等等。在移动互联网时代,这些传统旅游服务提供商需要根据自身的行业特性调整自己的服务内容和服务方式,通过网站手机版和客户端软件增加用户的使用黏性,提升品牌知名度。旅行社的在线咨询将演变为移动在线咨询,或者针对某旅行团或旅行路线建立虚拟社区,通过延伸服务与游客展开实时互动,及时对游客提供指导和帮助。宾馆施行手机预订和手机支付,游客可以随时了解客房的入住动态。手机电子商务将促进景点特色商品的销售，在信用卡支付不便的地区，手机支付将成为游客的首选。那些对信息技术比较敏感的旅游服务提供商，将成为移动互联网的首批受益者，也将在激烈的市场竞争中获取更大的市场份额。

三是应用于旅游交易。金融和物流是与旅游业紧密相关的两个行业，移动互联网也将改变这两种行业的商业形态，从而对旅游业产生间接影响。网上银行、支付宝、财付通、易宝等成为人们网络交易的首选工具，手机银行正被各家银行大力推广，手机版支付宝也日益受到消费者的青睐，手机支付正被3家电信运营商积极推动，旅游交易工具的多元化将结束单纯依靠现金或银行卡交易的历史。使用移动互联网后的物流业可以更好地为旅游业服务。当游客在旅游景点购物后，可以通过快递寄回，并通过手机上网随时查询货物的动向，这样既可以减少旅途中行李的重量，又可以刺激游客多消费，同时，旅游产品的大规模寄送又为物流业创造了丰厚收益，移动互联网将促进旅游相关产业之间更加紧密地合作。

7　教育

云教育是云计算技术在教育领域的迁移，是未来教育信息化的基础架构，包含了教育信息化所必须的一切软硬件计算资源，这些计算资源虚拟化之后，向教育机构、教育从业人员和学生提供以计算资源为形式的服务。

一是云计算促进教育公平发展。云计算使教育信息资源的共建、共享更为便捷,大大促进了教育的公平性。目前我国各级教育行政机构、学校和教育企业已经建设了大量的教育信息资源,并且还在建设更多的教育信息资源。由于可以将教育信息资源存储在云上,这样使教育信息资源的共享更为方便与快捷。各个教育机构或信息资源建设人员也可以利用云计算提供的强大的协同工作能力实现教育信息资源的共建。受教育者不再局限于学校的学生,只要以低成本获取接入资格,就可以公平地享用教育资源。教育的公平和普及将有利于全民素质的提高。

二是云计算降低教育信息化成本。教

育云计算能够节约学校等教育机构在计算机、网络交换、教学软件等软硬件设备上的购买和维护成本，从而降低教育信息化的成本。目前，各级大中小学都配备着大量的计算机和网络设备，为了满足越来越多的计算需求，学校不得不经常购买更新计算机和网络设备。云计算固有的特点使其比其他新技术更容易进入学校。如果使用云计算服务，绝大部分计算任务交给云端（分布式计算机服务器）来完成，学校只需让电脑接入互联网即可。云计算能把分布在大量的分布式计算机上的内存、存储和计算能力集中起来成为一个虚拟的资源池，并通过网络为用户提供实用计算（Utility Computing）服务。云计算对用户端的设备要求很低——这一特点决定了云计算将会在学校大受欢迎，可以为学校节约大量的计算机、网络交换等硬件设备的购买和维护成本。Google APP 提供的教育套件也能大大降低软件购置和更新成本。

三是云平台变革教学活动方式。利用云计算平台，实现网络教学、移动教学、自主学习，通过资源汇总形成云端资源池，让传统的"填鸭式"教学转变为一个自由而宽松的"以自我为主"的开放式教育方式。学生可以根据自己的需要，在自己的学习终端上选择不同的课程组合、主讲老师，并及时获得老师帮助、与同学分享，完全自主掌控学习节奏，有针对性地"查漏补缺"，形成个性化"定制教育"。

此外，一些教育云计算项目中提供的

云共享功能使得学习进度随时上传到云终端，这样，学生在任何时刻任何地方，都可以利用台式电脑、笔记本电脑或是手机等终端接入系统，从而保持学习进度。

四是云计算提高教育管理效率。云计算以其通用性、高可靠性、共享、公用的特点，可以将不同平台、不同后台数据库的管理系统有机地整合在一起，招生管理、注册管理、学位管理、校友管理、教师管理、学籍管理、教务管理、培养管理、就业管理、公寓管理等各管理系统的数据，可以按需求便捷地提取到决策支持系统，进行数据汇总、分析和统计，依据科学的统计分析，做最正确的决策。各管理部门实现精细化管理、精准化管理，显著提高教育管理效率。

8　信息安全

云安全是中国首创的云计算应用范畴，在国际云计算领域独树一帜，在反病毒领域得到广泛运用。云计算发展的最大风险即在于安全和隐私问题，云安全可以说是决定云计算未来发展水平的关键因素之一。

云安全的原理是通过网状的大量客户端对网络中软件行为的异常监测，获取互联网中木马、恶意程序的最新信息，推送到服务端进行自动分析和处理，再把病毒和木马的解决方案分发到每一个客户端，使得整个互联网变成了一个超级大的杀毒软件。

一是改变了传统信息安全提供商的服

务模式。云计算扩展了传统信息安全提供商的服务领域，对其业务能力提出了更高的要求；同时，对于传统的反病毒、入侵检测和防御厂商而言，他们利用云计算平台，获得共享的病毒库减少了每台机器上的资源占用，也能大大提升服务能力和水平。

二是在信息安全领域推动了认证安全业的发展。云计算的发展还推动了认证安全业发展，诞生出了信息安全领域的新业态。第三方评估和认证成为保障云服务质量和安全性的必要手段。在各国为政府采购云服务所建立的制度体系环境中，第三方评估和认证成为保障云服务质量和安全性的必要手段。目前美国、德国、日本、韩国等多个国家的第三方组织已开展了云计算评测活动，并推动传统的软件评测认知业务的转型提升发展。

9　电子政务

云政府是云计算在政府中的应用，可提供对海量数据存储、分享、挖掘、搜索、分析和服务的能力，使得数据能够作为政府的无形资产参与到统一有效管理中。通过数据集成和融合技术，打破政府部门间的数据堡垒，实现部门间的信息共享和业务协同。通过对数据的分析处理，将数据以更清晰直观的方式展现给领导，为领导更好地决策提供数据支持。

一是云计算中心将为政务应用提供硬件保障。在传统电子政务建设模式，省市政府各部门一般自行建设机房，导致大量硬件设备的利用率不高，各部门累计的运行维护费高居不下。通过建立统一的云计算中心，根据各部门业务量统一采购服务器、交换机等硬件设备，统一进行运行维护，可以大大提高硬件设备的利用率，减少机房工作人员数量，降低硬件设备的运行维护成本，并便于管理。

政府云计算中心的设立除了降低硬件设施成本、提高运作效率以外，由分散向集中的转变使得政务应用得到了更专业化的硬件保障，避免了经常受到个别操作失误、个别机房故障的影响。

二是云服务平台将充分整合政务服务资源。传统电子政务模式下，政府部门各自为政，电子政务系统分散建设、分散管理、分散运维，暴露出很多问题，如重复建设、信息孤岛、高投入低效益等。采用基于云计算技术的电子政务模式，统一采购软硬件设备，对政府信息系统进行统一管理、统一运维，对各地方、各部门的政务信息汇总管理，不但可以减少政府财政投入，而且便于信息资源整合，发挥电子政务的整体效益。

三是云交换平台将实现政府部门间业务协同。经过"金字工程"等电子政务重大工程的建设，垂直管理部门的纵向电子政务已经达到比较高的水平。但国务院、各省市政府的横向电子政务比较滞后。云计算技术的发展给政府信息资源横向整合带来了契机。例如，建设基于云计算技术的大OA系统，使之具有网上办公、信息发布、行政审批、电子监察、信息归档等功能，各部门可以定制自己的业务流程，并实现跨部门业务流程在各部门的对接，以此可以实现政府部门之间的信息共享和业务协同。

创新性产业影响

  移动互联网的产业创新主要体现为以移动电子商务为基础的商业模式创新。调查显示，至 2013 年 9 月，我国电子商务销售额中有 37％来自移动端；43％的智能手机用户在购物时会使用移动端查询信息。这些比率还处于快速上升阶段。未来，移动电子商务与手机搜索的融合，跨平台、跨业务的服务商之间的合作，电子商务企业规模的扩大，企业自建的电子商务平台的爆发式增长将带动移动电子商务的成熟。目前，移动电子商务已广泛运用于公共交通、公共事业缴费、购物、一卡通、电子票务、旅游、金融、医疗、教育等领域，为人们的生活与消费带来了很大的便利。而O2O模式（Online to Offline，即线上订购，线下消费）更是实现了信息和实物、线上和线下、实体店与实体店之间的无缝衔接，具有价格便宜，购买方便等优势，已运用于移动电子商务、租车租房服务、个性化产品设计、产品直销、线上促销等领域。例如，继阿里巴巴、淘宝、ebay、易趣等桌面平台式电子商务给传统线下零售业带来巨大冲击后，移动互联网的应用又推动了移动电子商务的发展，使电子商务有望迎来发展的第二个"春天"。

第 三 篇 | **前 景**

机遇与发展空间

从我国信息技术发展的环境来看，随着我国工业化、城镇化的快速推进，城乡居民消费结构加速升级，国内市场需求快速增长，这为信息技术及其产业发展提供了广阔空间；我国综合国力大幅提升，科技创新能力明显增强，高技术产业和现代服务业迅速成长，为信息技术及其产业发展提供了良好基础；世界多极化、经济全球化不断深入，为信息技术及其产业发展提供了有利的国际环境，跨国公司产业链全球布局的趋势为我国承接发达国家的信息技术产业转移提供了良好的机遇。从新技术自身的发展特征来看，随着技术的进步和商业化的逐步成熟，其产业规模将迅速扩张，从而带动相关产业的快速发展。

1 经济社会发展需求为云计算发展提供了难得的历史机遇

中国的人口基数决定了信息技术在中国的巨大需求。推进经济社会各领域的信息化，需要利用信息和网络技术优化服务业态、创新服务模式和改善社会公共服务，这给信息技术服务带来巨大的潜在需求。据统计中国电脑用户 3 亿个，平均每天使用 3 小时，中国手机用户 8 亿个，平均每天使用 16 小时，所以移动互联网的潜在机会是 PC 互联网的 14 倍。也就是说，移动互联网发展成熟后的市场将是 PC 互联网市场的 14 倍。移动互联网，目前在最大程度上实现了社会资源更自由、更大范围的调配和更快速、更便捷的流通，从而影响和改变着财富增长的速度和分配的方式。这种变化所释放出来的巨大能量将必定影响未来信息社会人们数字化生活中方方面面的需求，进而滚雪球般地创造出越来越多的机会和财富。中国云计算服务市场规模近年来正以每年 50% 的速度增长。预计到 2015 年末将达到 136.69 亿美元。

信息技术诸多新兴领域，对国家及企业而言存在发展窗口期。

以云计算为例，云计算的概念提出时间不长，云计算产业格局在国际上尚未定型，技术体系和标准有待成熟，未来还有很大的发展空间。对中国而言存在发展窗口期。况且我国已经具备一定的产业基础，云计算的技术特点和开源化趋势也为我国企业提供了掌握核心技术、实现局部突破的良好契机。业内专家认为，在云计算的机遇面前，国内运营商与国外相比没有差距，并且在中国这个巨大的互联网市场上具备本土化优势。传统巨头的技术优势在云计算时代将不再构成优势。云计算在国内乃至整个互联网的发展需要的不是一两家厂商的努力，而是整个产业共同推动。我国在云计算方面的自主知识产权与核心技术方面与外国相比基本上处于同一起跑线，如果抓住机遇，实现技术突破，则有望实现超越，掌握主导权。

除此之外，中国正逐步成为移动智能

终端研发制造中心。

经过多年积累，中国已经成为全球中低端移动智能终端的研发和制造中心，所生产的移动智能终端销往世界各地。同时，由中低端产品向高端产品发展的趋势对移动操作系统相关技术的研发提出了更多新的要求。中国的移动智能终端操作系统产品与技术提供商在产业链中的地位尤为重要。随着中国逐步成为移动智能终端研发制造中心，在全球的产业链地位日益重要，植根中国的移动智能终端操作系统产品与技术提供商在产业链中也将会起到更大的作用。

2 政府政策支持为行业营造良好的发展空间

以移动互联网为例，中国移动互联网的建设得到了政府政策的大力支持。根据国家统计局《战略性新兴产业分类（2012）》（试行），智能终端操作系统行业属于新一代信息技术产业中的高端软件和新型信息技术服务业，是国家重点支持的战略性新兴产业。在发展方向上，《"十二五"国家战略性新兴产业发展规划》明确提出大力发展高端软件和新兴信息服务产业，加强以网络化操作系统、海量数据处理软件等为代表的基础软件、智能终端软件、信息安全软件等关键软件的开发；工信部印发的《互联网行业"十二五"

发展规划》为移动互联网、物联网、云计算更长远的发展铺平了道路。在基础设施建设上，国家加大对 3G 通信网络的建设，完成对所有城市和县城以及部分乡镇的覆盖，并立足长远，大力推动 LTE 和 4G 无线网络的建设。

风险与挑战

新技术及其相关产业拥有良好的发展前景，但同时也要看到，我国新技术及其产业自主创新发展能力与发达国家相比还存在较大差距，关键核心技术严重缺乏，标准体系不健全；投融资体系、市场环境、体制机制政策等还不能完全适应新技术产业日新月异的发展要求。同时，信息技术的安全与监管问题也是该项新技术发展中的重要挑战和制约其发展的关键问题。

1　网络安全

随着在线交易、在线对话、在线互动，

在线数据越来越多，黑客们的犯罪动机也比以往任何时候都来得强烈。大数据来源是每个个体，无论个人的生活、消费，抑或是身份特征等信息，最终都会变成以各种形式存储的数据。通过运用大数据分析工具对海量数据进行分析，企业可以从中获取价值，但是对于个人用户来说，却是个不得不被动接受的事实，并且在数据收集、分析、传输等过程中，如果遇到保护不利的情况都可能对用户带来影响，增加个人信息泄漏的可能性。如今的黑客们组织性更强，更加专业，作案工具也更加强大，作案手段更是层出不穷。相比于以往一次性数据泄露或者黑客攻击事件的小打小闹，现在一旦数据泄露，对整个企业可以说是"一招不慎，满盘皆输"，不仅会导致声誉受损、造成巨大的经济损失，严重的还要承担法律责任。所以在大数据时代，网络的恢复能力以及防范策略可以说是至关重要的。科学家研究大数据技术后，发现大数据所产生的问题往往很严重，主要是对个人信息安全的威胁，其中既包括隐私、财产安全，也包括个人信息不被暴露。例如，美国已有的一项大数据技术显示，根据某人在 Google 上的检索情况或微博的发言，就可能推测出其个人的真实信息。

2　消费终端安全

数据的搜集、存储、访问、传输必不可少地需要借助移动设备，所以大数据时代的来临也带动了移动设备的猛增。随之而来的是BYOD（Bring Your Own Device）风潮的兴起，越来越多的员工带自己的移动设备进行办公。不可否认的是，BYOD确实为人们的工作带来了便利，而且也帮助企业节省了很大一笔开支，但也给企业带来了更大的安全隐患。曾几何时，手持设备被当成黑客入侵内网的绝佳跳板，所以也相应增加了企业管理和确保员工个人设备安全性的难度。

3 隐私

随着产生、存储、分析的数据量越来越大，隐私问题在未来的几年也将愈加凸显。一是用户层面担心的数据安全问题，包括由于系统不可靠造成的数据丢失，以及可能被对手或黑客攻击并窃取隐私或商业秘密。用户将数据存放在"云"中，并不能确保100%的安全，会面临黑客攻击、信息窃取等安全威胁。二是国家层面的安全问题。由于公有云计算环境由外部供应商提供并与他人共享，这就有可能导致有关国家经济、军事、政府部门的敏感数据以及科研成果失窃，从而威胁到国家的经济和社会安全。所以新的数据保护要求要尽快将立法机构和监管部门的法律制度完善提上日程。

4 技术发展

信息技术科技体制不完善、研究投入

不足、产学研脱节、科技成果产业化率低、自主知识产权积累不足、缺乏核心技术限制了产业的自主创新。新技术的标准规范等相关配套制度建设落后，影响了产业推广，行业自律性组织尚未建立或缺乏公信力。在 2013 年工信部电信研究院的调研中，我国用户同样对云服务的稳定性、安全性抱有很大的关切，在用户选择云服务商的时候，首要考虑的三个因素为稳定性、安全性和网络质量。由于我国云计算的标准规范等相关配套制度尚未建立，导致用户在选择云服务时产生顾虑和担忧，在重点行业领域的应用和推广仍面临很多的障碍。国内 IT 采购仍以硬件为主，这也阻碍了云计算的发展。而国际上则以服务采购为主，硬件采购率低于 30%。

5 发展环境

从基础设施来看，信息技术存在基础设施不足的问题，影响了信息技术的产业化进程。我国互联网在网速方面仍然比较落后，数据的长途传输引起的时间延迟较长，难以满足发展的要求。例如，云计算需要数据资源、软硬件资源更多地部署在网络中，其核心环节就是稳定的互联网数据中心（IDC），并以此承载若干的应用服务平台。我国许多科技园区或大企业拥有自己的数据中心，但是这些传统的数据中心分布比较分散，存在高能耗、高成本、低效率等问题，无法满足云计算发展的需要。少数企业数据中心规模较大，还需进一步整合，更多现有的数据中心还达不到提供云服务的要求。从竞争环境来看，国内企业低水平价格竞争激烈，影响其技术进步和产业升级。新技术产业技术创新与国际相比差距很大。从产业环境来看，新技术的产业集聚水平不高，重复建设多，资源浪费严重，我国在新技术产业国际分工体系中主要占据中低端加工领域。从人才环境来看，缺乏高素质的科研人才和高水平的技术工人。尽管我国软件人才总量供给不足的矛盾有所缓解，但高级技术和管理人才、专业操作系统人才缺乏等结构性矛盾仍然突出。能够担任移动智能终端操作系统产品开发的高端人才，需要在操作系统底层和框架等方面拥有丰富的技术积累和从业经历，上述操作系统专业技术人才仍较为稀缺。

6 政策与资金

信息技术产业政策的制定与推广缺乏针对性，对于新技术产业化推广的政策支持力度不足。新技术成果的产业化过程需要大量资金投入，但多元化的投融资体系很不完善，影响了产业化进程。

移动终端的技术体系

在移动互联网的整体架构中,终端占了举足轻重的地位,这不仅是由于当前移动互联网处于初期发展阶段,体系林立、平台多样化,更重要的是移动终端的个性化、移动性、融合性的诸多特点本身就是移动互联网发展创新的根本驱动力。

1 终端软件平台体系

目前主流的移动终端软件体系包括四个层次:基本操作系统、中间件、应用程序框架和引擎及接口、应用程序。其中基本操作系统包括操作系统内核及对硬件和设备的支持如驱动程序，中间件包括操作系统的基本服务部分，如核心库、数据库支持、媒体支持、音视频编码等，应用程序框架和引擎及接口包括应用程序管理、用户界面、应用引擎，用户界面和应用引擎的接口等。应用程序一般包括两大类：面向 Web 的轻量级应用、本地应用。

2 终端硬件平台体系

处理器芯片是移动智能终端硬件体系的核心部分。传统手机芯片包含基带芯片、射频芯片、电源管理芯片和存储芯片。其中电源管理芯片通常与基带同设，存储芯片负责数据的存储，射频芯片负责信号的收发，基带负责信号的处理。基带芯片实现了传统手机最核心的通信信号处理功能，相当于传统手机的 CPU，与嵌入式软件紧密关联。智能手机引入的大量应用促生了应用处理芯片（AP），以支持操作系统、应用软件以及音视频、图像等功能的实现，与基带芯片一起成为智能手机的 CPU。在实际商用中，既有 AP + 基带芯片的分离方案，也有更为主流的多核基带芯片方案（能耗小、省电、省空间），即通过集成 2 个以上 ARM 内核和 2 个以上 DSP 内核，在一个芯片中同时实现应用处理和基带功能的方案。

1. 章泽昂、邬家炜：《基于云计算的教育信息化平台的研究》，《技术应用》，2010.6

2. 周迎、曾凡、黄昊：《浅谈云计算在医疗卫生信息化建设中的应用前景》，《中国医学教育技术》，2010.8

3. 徐化祥：《云计算对教育的影响初探》，《电脑知识与技术》，2009.4

4. 李想、陆健：《云计算对医疗卫生信息化建设的影响与对策》，《解放军医院管理》，2013.1

5. 李晓辉：《云计算应用到农业生产的意义》，《信息产业》，2014.5

6. 东方证券研究所策略团队、通信行业研究团队王明旭等：《那片即将落雨的"云"——"云计算"产业主题投资机会分析》，Wind 资讯，2010.10

7. 邱虹天：《云计算引领 IT 工业转型——国内云计算产业链正在构建》，Wind 资讯，2011.5

8. 马仁敏：《行业信息化继续深入，推进云计算产业链发展——〈电子信息制造业"十二五"发展规划〉之计算机软硬件行业解读》，Wind 资讯，2012.2

9. 李建州、张运来、李惠瑶：《移动互联网在旅游业中的应用研究》，《旅游学刊》2011.10

10. 肖志辉：《移动互联网研究综述》，《电信科学》2009.5

11. 3C会议平台，《移动互联网时代之大颠覆、大格局、大机遇》，Wind资讯，2014.4

12.《未来中国移动互联网有六大发展趋势》，中国新闻网，2013.5.29

13. 张常新、李大军：《移动创造增量，O2O盘活存量》，方正证券研报，Wind资讯，2014.6

14. 毛平：《手机将是您的阿凡达》，申银万国证券研报，Wind资讯，2010.3

15.《中国教育行业云计算应用白皮书》，来源：中国云计算服务网，http://www.cloudguide.com.cn/news/show/id/2522.html

16. 赛迪顾问股份有限公司，《中国云计算产业发展白皮书(2011版)》，http://wenku.baidu.com/view/65cb27c38bd63186bcebbc11.html，2011.4

17. 工业和信息化部电信研究院，《云计算白皮书(2012年)》，http://wenku.baidu.com/view/657d27c28bd63186bcebbcba.html，2012.4

18.《云计算对电子政务的影响与应对策略》，http://wenku.baidu.com/link?url=cNh8igU3APO4YdPmfRhgDkvKdqE7ySlO4TDRrBDcedvwrCtfL1ky4_ijFhmVOJBcl5G4xyaUbBzGUFfKcnHOUF9H9vn1Pyt-Kvn1lifkbfq

19.《云计算行业市场分析报告》，http://wenku.baidu.com/link?url=v1gWoKLbwyq8bYa3Qd8ipl4TBek5Uiqnm6PgAfse8RX5K2TkyqSbocR6SNhn9MhGUXzoeslSjGxJsvZfDeRCgZmEXaEE3KmqVfQqcqcL8ey

20.《云计算研究报告》，http://wenku.baidu.com/link?url=1vc8dpSLGflLy0GEY2OsC6f9Jnf4dGTonD7KUJ0ucAhnYmVf5fIu0e8smwHsnmpBfHoaAmJGeJ4NQDTvvFFQAxdStTvHKGQcjKEsQZtF1te

21. 中国企业发展规划院明天策略集团，《中国云计算产业研究报告》， http://wenku.baidu.com/view/ea5a81ca5022aaea988f0f05.html

22. 工业和信息化部电信研究院，《移动互联网白皮书》（2011年）http://wenku.baidu.com/view/01e519d484254b35eefd34f5.html，2011.5

23. 工业和信息化部电信研究院，《移动互联网白皮书》（2013年）http://doc.mbalib.com/view/58eb42db73f6c4308fb1204a42919c52.html，2013.2

24. 工业和信息化部电信研究院，《移动互联网白皮书》（2014年）http://wenku.baidu.com/view/6c0a9a06804d2b160b4ec07e.html，2014.5

25. 中国互联网络信息中心，《中国互联网络发展状况统计报告》，http://wenku.baidu.com/view/eefa4556b52acfc789ebc991.html，2014.7

后记

身处变革之时代，潮流在背，不进则退。第五次科技革命的到来，不仅带来人们工作生活方式的改变，更是产业发展与国家竞争力的重构。身负研究之责，不能不深入其中，极力远眺洞见未发生之变革，以警应变之策。然随探究之往深，愈发为之着迷，为新鲜技术的奥秘及其影响之惊人吸引引领，愿为知一二孜孜以求而不倦。本书就是在这样的追索中酝酿而成。不求花开纸面，但求客观务实，能为读者带来简洁启迪。

在本书的写作过程中，得到了麦肯锡"城市中国计划"同人和建投研究院的同事们大量的帮助与贡献。在此，谨向张耕田先生、刘志红先生、万建发先生、张志前先生、邹继征先生、王申先生、李釜虎先生、徐一平女士、李芳芳女士、吴扬先生、王晓钰女士、高彦如女士、谢蕴慧女士、葛梦然女士、王勇华先生、石宝华女士、严冰先生、朱培女士、李丹女士表以最衷心的感谢。他们或高屋建瓴，给予醍醐灌顶的启发；或观点激荡，研讨酣畅而广开思路；或乐善勤勉，为大量文献数据的整理提供辛勤的帮助。

　　在本书的出版过程中，社会科学文献出版社的许秀江老师、王婧怡老师专业尽责、不遗余力，从内容的探讨到版式的设计，从作者和读者的角度思虑周全、不辞辛苦，他们对知识的敬畏、对市场的探索、对工作的热忱深深感染并激励着我。在产业变革汹涌的今天，所幸有这样一批出版界人士，忠于并热爱自己的工作，始终充满激情、积极探索。谨在此，对他们，对社科文献出版社表以最诚挚的感谢和美好祝愿。

　　最后，衷心感谢我的家人，他们给予了我极大的支持与鼓励，是我能得以有所思考并最终行文最默默而又最坚实的支持。

张璐璐

图书在版编目(CIP)数据

颠覆未来的技术.信息技术引发的产业变革 / 张璐璐著. —北京：社会科学文献出版社，2014.12
 ISBN 978-7-5097-6877-8

Ⅰ.①颠… Ⅱ.①张… Ⅲ.①信息技术–影响–产业发展–研究 Ⅳ.①F062.9②G202

中国版本图书馆CIP数据核字(2014)第282522号

颠覆未来的技术
—— 信息技术引发的产业变革

著　　者 /	张璐璐
出 版 人 /	谢寿光
项目统筹 /	王婧怡　许秀江
责任编辑 /	王婧怡
出　　版 /	社会科学文献出版社·经济与管理出版中心(010)59367226 地址：北京市北三环中路甲29号院华龙大厦　邮编：100029 网址：www.ssap.com.cn
发　　行 /	市场营销中心 (010) 59367081　59367090 读者服务中心 (010) 59367028
印　　装 /	北京盛通印刷股份有限公司
规　　格 /	开　本：889mm×1194mm　1/32 印　张：5　字　数：55千字
版　　次 /	2014年12月第1版　2014年12月第1次印刷
书　　号 /	ISBN 978-7-5097-6877-8
定　　价 /	48.00元

本书如有破损、缺页、装订错误，请与本社读者服务中心联系更换

▲ 版权所有 翻印必究